French Verbs

BROCKHAMPTON PRESS

This edition published 1995 by Brockhampton Press,
a member of Hodder Headline PLC.

ISBN 1 86019 022 7

Printed and bound in Slovenia.

Verb Forms

Auxiliary: auxiliary verbs are used to form compound tenses of verbs, eg *have* in *I have seen*. The auxiliary verbs in French are *avoir* and *être*.

Compound: compound tenses are verb tenses consisting of more than one element. In French, compound tenses are formed by the *auxiliary* verb and the *past participle*, eg *il a écrit – he has written*.

Conditional: the conditional is introduced in English by the auxiliary *would*, eg *I would come if I had the time*. In French, this is rendered by a single verb form, eg *je viendrais*.

Imperative: the imperative is used for giving orders, eg *sois sage – be good*, or making suggestions, eg *allons – let's go*.

Imperfect indicative: in French, this tense describes past habitual or continuous action, eg *elle chantait – she was singing*.

Indicative: the normal form of a verb, as in *j'aime – I like, il est venu – he has come, j'essaie – I am trying*.

Past historic: this tense, specific to French, is only used in narration in the formal written language.

Past participle: this is the form used after the auxiliary *have* in English, eg *eaten – mangé* in *j'ai mangé – I have eaten*.

Perfect indicative: this is the standard past tense of conversation, comprising the *auxiliary* (*avoir* or *être*), and the *past participle*, eg *j'ai vu* – *I have seen*, *nous sommes descendus* – *we have descended*.

Pluperfect indicative: in French and English, this tense expresses an action which happened in the past before another past action. In French, this comprises the *imperfect indicative* of *avoir* or *être* and the *past participle*, eg *il avait vu* – *he had seen*, *vous étiez arrivés* – *you had arrived*.

Present participle: this is the form which ends in *-ing* in English, eg *allant* – *going*.

Subjunctive: this is rarely used in English. It survives in expressions such as *if I were you,* and *God save the Queen.* In French, the subjunctive generally follows the conjunction *que* after expressions of doubt, fear, emotion, etc.

absoudre *to absolve*

Present participle absolvant
Past participle absous (-te)

Present indicative	*Perfect indicative*
j'absous	j'ai absous
tu absous	tu as absous
il absout	il a absous
nous absolvons	nous avons absous
vous absolvez	vous avez absous
ils absolvent	ils ont absous

Imperfect indicative	*Pluperfect indicative*
j'absolvais	j'avais absous
tu absolvais	tu avais absous
il absolvait	il avait absous
nous absolvions	nous avions absous
vous absolviez	vous aviez absous
ils absolvaient	ils avaient absous

Past historic	*Present subjunctive*
–	que j'absolve
–	que tu absolves
–	qu'il absolve
–	que nous absolvions
–	que vous absolviez
–	qu'ils absolvent

Future	*Conditional*
j'absoudrai	j'absoudrais
tu absoudras	tu absoudrais
il absoudra	il absoudrait
nous absoudrons	nous absoudrions
vous absoudrez	vous absoudriez
ils absoudront	ils absoudraient

Imperative absous, absolvons, absolvez

accueillir *to greet, welcome*

Present participle accueillant
Past participle accueilli

Present indicative	*Perfect indicative*
j'accueille	j'ai accueilli
tu accueilles	tu as accueilli
il accueille	il a accueilli
nous accueillons	nous avons accueilli
vous accueillez	vous avez accueilli
ils accueillent	ils ont accueilli
Imperfect indicative	*Pluperfect indicative*
j'accueillais	j'avais accueilli
tu accueillais	tu avais accueilli
il accueillait	il avait accueilli
nous accueillions	nous avions accueilli
vous accueilliez	vous aviez accueilli
ils accueillaient	ils avaient accueilli
Past historic	*Present subjunctive*
j'accueillis	que j'accueille
tu accueillis	que tu accueilles
il accueillit	qu'il accueille
nous accueillîmes	que nous accueillions
vous accueillîtes	que vous accueilliez
ils accueillirent	qu'ils accueillent
Future	*Conditional*
j'accueillerai	j'accueillerais
tu accueilleras	tu accueillerais
il accueillera	il accueillerait
nous accueillerons	nous accueillerions
vous accueillerez	vous accueilleriez
ils accueilleront	ils accueilleraient

Imperative accueille, accueillons, accueillez

acheter *to buy*
Present participle achetant
Past participle acheté

Present indicative
j'achète
tu achètes
il achète
nous achetons
vous achetez
ils achètent

Perfect indicative
j'ai acheté
tu as acheté
il a acheté
nous avons acheté
vous avez acheté
ils ont acheté

Imperfect indicative
j'achetais
tu achetais
il achetait
nous achetions
vous achetiez
ils achetaient

Pluperfect indicative
j'avais acheté
tu avais acheté
il avait acheté
nous avions acheté
vous aviez acheté
ils avaient acheté

Past historic
je achetai
tu achetas
il acheta
nous achetâmes
vous achetâtes
ils achetèrent

Present subjunctive
que j'achète
que tu achètes
qu'il achète
que nous achetions
que vous achetiez
qu'ils achètent

Future
j'achèterai
tu achèteras
il achètera
nous achèterons
vous achèterez
ils achèteront

Conditional
je achèterais
tu achèterais
il achèterait
nous achèterions
vous achèteriez
ils achèteraient

Imperative achète, achetons, achetez

acquérir *to acquire*

Present participle acquérant
Past participle acquis

Present indicative	*Perfect indicative*
j'acquiers	j'ai acquis
tu acquiers	tu as acquis
il acquiert	il a acquis
nous acquérons	nous avons acquis
vous acquérez	vous avez acquis
ils acquièrent	ils ont acquis

Imperfect indicative	*Pluperfect indicative*
j'acquérais	j'avais acquis
tu acquérais	tu avais acquis
il acquérait	il avait acquis
nous acquérions	nous avions acquis
vous acquériez	vous aviez acquis
ils acquéraient	ils avaient acquis

Past historic	*Present subjunctive*
j'acquis	que j'acquière
tu acquis	que tu acquières
il acquit	qu'il acquière
nous acquîmes	que nous acquérions
vous acquîtes	que vous acquériez
ils acquirent	qu'ils acquièrent

Future	*Conditional*
je acquerrai	j'acquerrais
tu acquerras	tu acquerrais
il acquerra	il acquerrait
nous acquerrons	nous acquerrions
vous acquerrez	vous acquerriez
ils acquerront	ils acquerraient

Imperative acquiers, acquérons, acquérez

admettre *to admit, acknowledge*

Present participle admettant
Past participle admis

Present indicative	*Perfect indicative*
j'admets	j'ai admis
tu admets	tu as admis
il admet	il a admis
nous admettons	nous avons admis
vous admettez	vous avez admis
ils admettent	ils ont admis
Imperfect indicative	*Pluperfect indicative*
j'admettais	j'avais admis
tu admettais	tu avais admis
il admettait	il avait admis
nous admettions	nous avions admis
vous admettiez	vous aviez admis
ils admettaient	ils avaient admis
Past historic	*Present subjunctive*
j'admis	que j'admette
tu admis	que tu admettes
il admit	qu'il admette
nous admîmes	que nous admettions
vous admîtes	que vous admettiez
ils admirent	qu'ils admettent
Future	*Conditional*
j'admettrai	j'admettrais
tu admettras	tu admettrais
il admettra	il admettrait
nous admettrons	nous admettrions
vous admettrez	vous admettriez
ils admettront	ils admettraient

Imperative admets, admettons, admettez

aider *to help, assist*
Present participle aidant
Past participle aidé

Present indicative	*Perfect indicative*
j'aide	j'ai aidé
tu aides	tu as aidé
il aide	il a aidé
nous aidons	nous avons aidé
vous aidez	vous avez aidé
ils aident	ils ont aidé

Imperfect indicative	*Pluperfect indicative*
j'aidais	j'avais aidé
tu aidais	tu avais aidé
il aidait	il avait aidé
nous aidions	nous avions aidé
vous aidiez	vous aviez aidé
ils aidaient	ils avaient aidé

Past historic	*Present subjunctive*
j'aidai	que j'aide
tu aidas	que tu aides
il aida	qu'il aide
nous aidâmes	que nous aidions
vous aidâtes	que vous aidiez
ils aidèrent	qu'ils aident

Future	*Conditional*
j'aiderai	j'aiderais
tu aideras	tu aiderais
il aidera	il aiderait
nous aiderons	nous aiderions
vous aiderez	vous aideriez
ils aideront	ils aideraient

Imperative aide, aidons, aidez

aimer *to love, like*

Present participle aimant
Past participle aimé

Present indicative	*Perfect indicative*
j'aime	j'ai aimé
tu aimes	tu as aimé
il aime	il a aimé
nous aimons	nous avons aimé
vous aimez	vous avez aimé
ils aiment	ils ont aimé
Imperfect indicative	*Pluperfect indicative*
j'aimais	j'avais aimé
tu aimais	tu avais aimé
il aimait	il avait aimé
nous aimions	nous avions aimé
vous aimiez	vous aviez aimé
ils aimaient	ils avaient aimé
Past historic	*Present subjunctive*
j'aimai	que j'aime
tu aimas	que tu aimes
il aima	qu'il aime
nous aimâmes	que nous aimions
vous aimâtes	que vous aimiez
ils aimèrent	qu'ils aiment
Future	*Conditional*
j'aimerai	j'aimerais
tu aimeras	tu aimerais
il aimera	il aimerait
nous aimerons	nous aimerions
vous aimerez	vous aimeriez
ils aimeront	ils aimeraient

Imperative aime, aimons, aimez

aller *to go*

Present participle allant
Past participle allé

Present indicative	*Perfect indicative*
je vais	je suis allé
tu vas	tu es allé
il va	il est allé
nous allons	nous sommes allés
vous allez	vous êtes allés
ils vont	ils sont allés
Imperfect indicative	*Pluperfect indicative*
j'allais	j'étais allé
tu allais	tu étais allé
il allait	il était allé
nous allions	nous étions allés
vous alliez	vous étiez allés
ils allaient	ils étaient allés
Past historic	*Present subjunctive*
j'allai	que j'aille
tu allas	que tu ailles
il alla	qu'il aille
nous allâmes	que nous allions
vous allâtes	que vous alliez
ils allèrent	qu'ils aillent
Future	*Conditional*
j'irai	j'irais
tu iras	tu irais
il ira	il irait
nous irons	nous irions
vous irez	vous iriez
ils iront	ils iraient

Imperative va, allons, allez

apercevoir *to see, notice*

Present participle apercevant
Past participle aperçu

Present indicative	*Perfect indicative*
j'aperçois	j'ai aperçu
tu aperçois	tu as aperçu
il aperçoit	il a aperçu
nous apercevons	nous avons aperçu
vous apercevez	vous avez aperçu
ils aperçoivent	ils ont aperçu
Imperfect indicative	*Pluperfect indicative*
j'apercevais	j'avais aperçu
tu apercevais	tu avais aperçu
il apercevait	il avait aperçu
nous apercevions	nous avions aperçu
vous aperceviez	vous aviez aperçu
ils apercevaient	ils avaient aperçu
Past historic	*Present subjunctive*
j'aperçus	que j'aperçoive
tu aperçus	que tu aperçoives
il aperçut	qu'il aperçoive
nous aperçûmes	que nous apercevions
vous aperçûtes	que vous aperceviez
ils aperçurent	qu'ils aperçoivent
Future	*Conditional*
j'apercevrai	j'apercevrais
tu apercevras	tu apercevrais
il apercevra	il apercevrait
nous apercevrons	nous apercevrions
vous apercevrez	vous apercevriez
ils apercevront	ils apercevraient

Imperative aperçois, apercevons, apercevez

apparaître *to appear*

Present apparticiple apparaissant
Past apparticiple apparu

Present indicative	*Perfect indicative*
j'apparais	j'ai apparu
tu apparais	tu as apparu
il apparaît	il a apparu
nous apparaissons	nous avons apparu
vous apparaissez	vous avez apparu
ils apparaissent	ils ont apparu
Imperfect indicative	*Pluperfect indicative*
j'apparaissais	j'avais apparu
tu apparaissais	tu avais apparu
il apparaissait	il avait apparu
nous apparaissions	nous avions apparu
vous apparaissiez	vous aviez apparu
ils apparaissaient	ils avaient apparu
Past historic	*Present subjunctive*
j'apparus	que j'apparaisse
tu apparus	que tu apparaisses
il apparut	qu'il apparaisse
nous apparûmes	que nous apparaissions
vous apparûtes	que vous apparaissiez
ils apparurent	qu'ils apparaissent
Future	*Conditional*
j'apparaîtrai	j'apparaîtrais
tu apparaîtras	tu apparaîtrais
il apparaîtra	il apparaîtrait
nous apparaîtrons	nous apparaîtrions
vous apparaîtrez	vous apparaîtriez
ils apparaîtront	ils apparaîtraient

Imperative apparais, apparaissons, apparaissez

appartenir *to belong*

Present participle appartenant
Past participle appartenu

Present indicative	*Perfect indicative*
j'appartiens	j'ai appartenu
tu appartiens	tu as appartenu
il appartient	il a appartenu
nous appartenons	nous avons appartenu
vous appartenez	vous avez appartenu
ils appartiennent	ils ont appartenu
Imperfect indicative	*Pluperfect indicative*
j'appartenais	j'avais appartenu
tu appartenais	tu avais appartenu
il appartenait	il avait appartenu
nous appartenions	nous avions appartenu
vous apparteniez	vous aviez appartenu
ils appartenaient	ils avaient appartenu
Past historic	*Present subjunctive*
j'appartins	que j'appartienne
tu appartins	que tu appartiennes
il appartint	qu'il appartienne
nous appartînmes	que nous appartenions
vous appartîntes	que vous apparteniez
ils appartinrent	qu'ils appartiennent
Future	*Conditional*
j'appartiendrai	j'appartiendrais
tu appartiendras	tu appartiendrais
il appartiendra	il appartiendrait
nous appartiendrons	nous appartiendrions
vous appartiendrez	vous appartiendriez
ils appartiendront	ils appartiendraient

Imperative appartiens, appartenons, appartenez

appeler *to call*

Present participle appelant
Past participle appelé

Present indicative	*Perfect indicative*
j'appelle	j'ai appelé
tu appelles	tu as appelé
il appelle	il a appelé
nous appelons	nous avons appelé
vous appelez	vous avez appelé
ils appellent	ils ont appelé
Imperfect indicative	*Pluperfect indicative*
j'appelais	j'avais appelé
tu appelais	tu avais appelé
il appelait	il avait appelé
nous appelions	nous avions appelé
vous appeliez	vous aviez appelé
ils appelaient	ils avaient appelé
Past historic	*Present subjunctive*
j'appelai	que j'appelle
tu appelas	que tu appelles
il appela	qu'il appelle
nous appelâmes	que nous appelions
vous appelâtes	que vous appeliez
ils appelèrent	qu'ils appellent
Future	*Conditional*
j'appellerai	j'appellerais
tu appelleras	tu appellerais
il appellera	il appellerait
nous appellerons	nous appellerions
vous appellerez	vous appelleriez
ils appelleront	ils appelleraient

Imperative appelle, appelons, appelez

apporter *to bring*

Present participle apportant
Past participle apporté

Present indicative	*Perfect indicative*
j'apporte	j'ai apporté
tu apportes	tu as apporté
il apporte	il a apporté
nous apportons	nous avons apporté
vous apportez	vous avez apporté
ils apportent	ils ont apporté

Imperfect indicative	*Pluperfect indicative*
j'apportais	j'avais apporté
tu apportais	tu avais apporté
il apportait	il avait apporté
nous apportions	nous avions apporté
vous apportiez	vous aviez apporté
ils apportaient	ils avaient apporté

Past historic	*Present subjunctive*
j'apportai	que j'apporte
tu apportas	que tu apportes
il apporta	qu'il apporte
nous apportâmes	que nous apportions
vous apportâtes	que vous apportiez
ils apportèrent	qu'ils apportent

Future	*Conditional*
j'apporterai	j'apporterais
tu apporteras	tu apporterais
il apportera	il apporterait
nous apporterons	nous apporterions
vous apporterez	vous apporteriez
ils apporteront	ils apporteraient

Imperative apporte, apportons, apportez

apprécier *to appreciate*

Present participle appréciant
Past participle apprécié

Present indicative	*Perfect indicative*
j'apprécie	j'ai apprécié
tu apprécies	tu as apprécié
il apprécie	il a apprécié
nous apprécions	nous avons apprécié
vous appréciez	vous avez apprécié
ils apprécient	ils ont apprécié

Imperfect indicative	*Pluperfect indicative*
j'appréciais	j'avais apprécié
tu appréciais	tu avais apprécié
il appréciait	il avait apprécié
nous appréciions	nous avions apprécié
vous appréciiez	vous aviez apprécié
ils appréciaient	ils avaient apprécié

Past historic	*Present subjunctive*
je appréciai	que je apprécie
tu apprécias	que tu apprécies
il apprécia	qu'il apprécie
nous appréciâmes	que nous appréciions
vous appréciâtes	que vous appréciiez
ils apprécièrent	qu'ils apprécient

Future	*Conditional*
j'apprécierai	je apprécierais
tu apprécieras	tu apprécierais
il appréciera	il apprécierait
nous apprécierons	nous apprécierions
vous apprécierez	vous apprécieriez
ils apprécieront	ils apprécieraient

Imperative apprécie apprécions appréciez

apprendre *to learn*

Present participle apprenant
Past participle appris

Present indicative	*Perfect indicative*
j'apprends	j'ai appris
tu apprends	tu as appris
il apprend	il a appris
nous apprenons	nous avons appris
vous apprenez	vous avez appris
ils apprennent	ils ont appris

Imperfect indicative	*Pluperfect indicative*
j'apprenais	j'avais appris
tu apprenais	tu avais appris
il apprenait	il avait appris
nous apprenions	nous avions appris
vous appreniez	vous aviez appris
ils apprenaient	ils avaient appris

Past historic	*Present subjunctive*
j'appris	que j'apprenne
tu appris	que tu apprennes
il apprit	qu'il apprenne
nous apprîmes	que nous apprenions
vous apprîtes	que vous appreniez
ils apprirent	qu'ils apprennent

Future	*Conditional*
j'apprendrai	j'apprendrais
tu apprendras	tu apprendrais
il apprendra	il apprendrait
nous apprendrons	nous apprendrions
vous apprendrez	vous apprendriez
ils apprendront	ils apprendraient

Imperative apprends, apprenons, apprenez

arriver *to arrive*

Present participle arrivant
Past participle arrivé

Present indicative	*Perfect indicative*
j'arrive	je suis arrivé
tu arrives	tu es arrivé
il arrive	il est arrivé
nous arrivons	nous sommes arrivés
vous arrivez	vous êtes arrivés
ils arrivent	ils sont arrivés
Imperfect indicative	*Pluperfect indicative*
j'arrivais	j'étais arrivé
tu arrivais	tu étais arrivé
il arrivait	il était arrivé
nous arrivions	nous étions arrivés
vous arriviez	vous étiez arrivés
ils arrivaient	ils étaient arrivés
Past historic	*Present subjunctive*
j'arrivai	que j'arrive
tu arrivas	que tu arrives
il arriva	qu'il arrive
nous arrivâmes	que nous arrivions
vous arrivâtes	que vous arriviez
ils arrivèrent	qu'ils arrivent
Future	*Conditional*
j'arriverai	j'arriverais
tu arriveras	tu arriverais
il arrivera	il arriverait
nous arriverons	nous arriverions
vous arriverez	vous arriveriez
ils arriveront	ils arriveraient

Imperative arrive, arrivons, arrivez

s'asseoir *to sit down*

Present participle s'asseyant
Past participle assis

Present indicative	*Perfect indicative*
je m'assieds	je me suis assis
tu t'assieds	tu t'es assis
il s'assied	il s'est assis
nous nous asseyons	nous nous sommes assis
vous vous asseyez	vous vous êtes assis
ils s'asseyent	ils se sont assis

Imperfect indicative	*Pluperfect indicative*
je m'asseyais	je m'étais assis
tu t'asseyais	tu t'étais assis
il s'asseyait	il s'était assis
nous nous asseyions	nous nous étions assis
vous vous asseyiez	vous vous étiez assis
ils s'asseyaient	ils s'étaient assis

Past historic	*Present subjunctive*
je m'assis	que je m'asseye
tu t'assis	que tu t'asseyes
il s'assit	qu'il s'asseye
nous nous assîmes	que nous nous asseyions
vous vous assîtes	que vous vous asseyiez
ils s'assirent	qu'ils s'asseyent

Future	*Conditional*
je m'assiérai	je m'assiérais
tu t'assiéras	tu t'assiérais
il s'assiéra	il s'assiérait
nous nous assiérons	nous nous assiérions
vous vous assiérez	vous vous assiériez
ils s'assiéront	ils s'assiéraient

Imperative assieds-toi, asseyons-nous, asseyez-vous

atteindre *to reach*

Present participle atteignant
Past participle atteint

Present indicative	*Perfect indicative*
j'atteins	j'ai atteint
tu atteins	tu as atteint
il atteint	il a atteint
nous atteignons	nous avons atteint
vous atteignez	vous avez atteint
ils atteignent	ils ont atteint

Imperfect indicative	*Pluperfect indicative*
j'atteignais	j'avais atteint
tu atteignais	tu avais atteint
il atteignait	il avait atteint
nous atteignions	nous avions atteint
vous atteigniez	vous aviez atteint
ils atteignaient	ils avaient atteint

Past historic	*Present subjunctive*
j'atteignis	que j'atteigne
tu atteignis	que tu atteignes
il atteignit	qu'il atteigne
nous atteignîmes	que nous atteignions
vous atteignîtes	que vous atteigniez
ils atteignirent	qu'ils atteignent

Future	*Conditional*
j'atteindrai	j'atteindrais
tu atteindras	tu atteindrais
il atteindra	il atteindrait
nous atteindrons	nous atteindrions
vous atteindrez	vous atteindriez
ils atteindront	ils atteindraient

Imperative atteins, atteignons, atteignez

attendre *to wait*

Present participle attendant
Past participle attendu

Present indicative	*Perfect indicative*
j'attends	j'ai attendu
tu attends	tu as attendu
il attend	il a attendu
nous attendons	nous avons attendu
vous attendez	vous avez attendu
ils attendent	ils ont attendu

Imperfect indicative	*Pluperfect indicative*
j'attendais	j'avais attendu
tu attendais	tu avais attendu
il attendait	il avait attendu
nous attendions	nous avions attendu
vous attendiez	vous aviez attendu
ils attendaient	ils avaient attendu

Past historic	*Present subjunctive*
j'attendis	que j'attende
tu attendis	que tu attendes
il attendit	qu'il attende
nous attendîmes	que nous attendions
vous attendîtes	que vous attendiez
ils attendirent	qu'ils attendent

Future	*Conditional*
j'attendrai	j'attendrais
tu attendras	tu attendrais
il attendra	il attendrait
nous attendrons	nous attendrions
vous attendrez	vous attendriez
ils attendront	ils attendraient

Imperative attends, attendons, attendez

avoir *to have*

Present participle ayant
Past participle eu

Present indicative	*Perfect indicative*
j'ai	j'ai eu
tu as	tu as eu
il a	il a eu
nous avons	nous avons eu
vous avez	vous avez eu
ils ont	ils ont eu
Imperfect indicative	*Pluperfect indicative*
j'avais	j'avais eu
tu avais	tu avais eu
il avait	il avait eu
nous avions	nous avions eu
vous aviez	vous aviez eu
ils avaient	ils avaient eu
Past historic	*Present subjunctive*
j'eus	que j'aie
tu eus	que tu aies
il eut	qu'il ait
nous eûmes	que nous ayons
vous eûtes	que vous ayez
ils eurent	qu'ils aient
Future	*Conditional*
j'aurai	j'aurais
tu auras	tu aurais
il aura	il aurait
nous aurons	nous aurions
vous aurez	vous auriez
ils auront	ils auraient

Imperative aie, ayons, ayez

battre *to beat*

Present participle battant
Past participle battu

Present indicative
je bats
tu bats
il bat
nous battons
vous battez
ils battent

Perfect indicative
j'ai battu
tu as battu
il a battu
nous avons battu
vous avez battu
ils ont battu

Imperfect indicative
je battais
tu battais
il battait
nous battions
vous battiez
ils battaient

Pluperfect indicative
j'avais battu
tu avais battu
il avait battu
nous avions battu
vous aviez battu
ils avaient battu

Past historic
je battis
tu battis
il battit
nous battîmes
vous battîtes
ils battirent

Present subjunctive
que je batte
que tu battes
qu'il batte
que nous battions
que vous battiez
qu'ils battent

Future
je battrai
tu battras
il battra
nous battrons
vous battrez
ils battront

Conditional
je battrais
tu battrais
il battrait
nous battrions
vous battriez
ils battraient

Imperative bats, battons, battez

boire *to drink*

Present participle buvant
Past participle bu

Present indicative	*Perfect indicative*
je bois	j'ai bu
tu bois	tu as bu
il boit	il a bu
nous buvons	nous avons bu
vous buvez	vous avez bu
ils boivent	ils ont bu

Imperfect indicative	*Pluperfect indicative*
je buvais	j'avais bu
tu buvais	tu avais bu
il buvait	il avait bu
nous buvions	nous avions bu
vous buviez	vous aviez bu
ils buvaient	ils avaient bu

Past historic	*Present subjunctive*
je bus	que je boive
tu bus	que tu boives
il but	qu'il boive
nous bûmes	que nous buvions
vous bûtes	que vous buviez
ils burent	qu'ils boivent

Future	*Conditional*
je boirai	je boirais
tu boiras	tu boirais
il boira	il boirait
nous boirons	nous boirions
vous boirez	vous boiriez
ils boiront	ils boiraient

Imperative bois, buvons, buvez

céder *to yield*

Present participle cédant
Past participle cédé

Present indicative	*Perfect indicative*
je cède	j'ai cédé
tu cèdes	tu as cédé
il cède	il a cédé
nous cédons	nous avons cédé
vous cédez	vous avez cédé
ils cèdent	ils ont cédé

Imperfect indicative	*Pluperfect indicative*
je cédais	j'avais cédé
tu cédais	tu avais cédé
il cédait	il avait cédé
nous cédions	nous avions cédé
vous cédiez	vous aviez cédé
ils cédaient	ils avaient cédé

Past historic	*Present subjunctive*
je cédai	que je cède
tu cédas	que tu cèdes
il céda	qu'il cède
nous cédâmes	que nous cédions
vous cédâtes	que vous cédiez
ils cédèrent	qu'ils cèdent

Future	*Conditional*
je céderai	je céderais
tu céderas	tu céderais
il cédera	il céderait
nous céderons	nous céderions
vous céderez	vous céderiez
ils céderont	ils céderaient

Imperative cède, cédons, cédez

choisir *to choose*

Present participle choisissant
Past participle choisi

Present indicative	*Perfect indicative*
je choisis	j'ai choisi
tu choisis	tu as choisi
il choisit	il a choisi
nous choisissons	nous avons choisi
vous choisissez	vous avez choisi
ils choisissent	ils ont choisi
Imperfect indicative	*Pluperfect indicative*
je choisissais	j'avais choisi
tu choisissais	tu avais choisi
il choisissait	il avait choisi
nous choisissions	nous avions choisi
vous choisissiez	vous aviez choisi
ils choisissaient	ils avaient choisi
Past historic	*Present subjunctive*
je choisis	que je choisisse
tu choisis	que tu choisisses
il choisit	qu'il choisisse
nous choisîmes	que nous choisissions
vous choisîtes	que vous choisissiez
ils choisirent	qu'ils choisissent
Future	*Conditional*
je choisirai	je choisirais
tu choisiras	tu choisirais
il choisira	il choisirait
nous choisirons	nous choisirions
vous choisirez	vous choisiriez
ils choisiront	ils choisiraient

Imperative choisis, choisissons, choisissez

combattre *to fight*

Present participle combattant
Past participle combattu

Present indicative	*Perfect indicative*
je combats	j'ai combattu
tu combats	tu as combattu
il combat	il a combattu
nous combattons	nous avons combattu
vous combattez	vous avez combattu
ils combattent	ils ont combattu

Imperfect indicative	*Pluperfect indicative*
je combattais	j'avais combattu
tu combattais	tu avais combattu
il combattait	il avait combattu
nous combattions	nous avions combattu
vous combattiez	vous aviez combattu
ils combattaient	ils avaient combattu

Past historic	*Present subjunctive*
je combattis	que je combatte
tu combattis	que tu combattes
il combattit	qu'il combatte
nous combattîmes	que nous combattions
vous combattîtes	que vous combattiez
ils combattirent	qu'ils combattent

Future	*Conditional*
je combattrai	je combattrais
tu combattras	tu combattrais
il combattra	il combattrait
nous combattrons	nous combattrions
vous combattrez	vous combattriez
ils combattront	ils combattraient

Imperative combats, combattons, combattez

commencer *to begin*

Present participle commençant
Past participle commencé

Present indicative	*Perfect indicative*
je commence	j'ai commencé
tu commences	tu as commencé
il commence	il a commencé
nous commençons	nous avons commencé
vous commencez	vous avez commencé
ils commencent	ils ont commencé
Imperfect indicative	*Pluperfect indicative*
je commençais	j'avais commencé
tu commençais	tu avais commencé
il commençait	il avait commencé
nous commencions	nous avions commencé
vous commenciez	vous aviez commencé
ils commençaient	ils avaient commencé
Past historic	*Present subjunctive*
je commençai	que je commence
tu commenças	que tu commences
il commença	qu'il commence
nous commençâmes	que nous commencions
vous commençâtes	que vous commenciez
ils commencèrent	qu'ils commencent
Future	*Conditional*
je commencerai	je commencerais
tu commenceras	tu commencerais
il commencera	il commencerait
nous commencerons	nous commencerions
vous commencerez	vous commenceriez
ils commenceront	ils commenceraient

Imperative commence, commençons, commencez

comprendre *to understand, include*

Present participle comprenant
Past participle compris

Present indicative
je comprends
tu comprends
il comprend
nous comprenons
vous comprenez
ils comprennent

Imperfect indicative
je comprenais
tu comprenais
il comprenait
nous comprenions
vous compreniez
ils comprenaient

Past historic
je compris
tu compris
il comprit
nous comprîmes
vous comprîtes
ils comprirent

Future
je comprendrai
tu comprendras
il comprendra
nous comprendrons
vous comprendrez
ils comprendront

Perfect indicative
j'ai compris
tu as compris
il a compris
nous avons compris
vous avez compris
ils ont compris

Pluperfect indicative
j'avais compris
tu avais compris
il avait compris
nous avions compris
vous aviez compris
ils avaient compris

Present subjunctive
que je comprenne
que tu comprennes
qu'il comprenne
que nous comprenions
que vous compreniez
qu'ils comprennent

Conditional
je comprendrais
tu comprendrais
il comprendrait
nous comprendrions
vous comprendriez
ils comprendraient

Imperative comprends, comprenons, comprenez

conclure *to conclude*

Present participle concluant
Past participle conclu

Present indicative	*Perfect indicative*
je conclus	j'ai conclu
tu conclus	tu as conclu
il conclut	il a conclu
nous concluons	nous avons conclu
vous concluez	vous avez conclu
ils concluent	ils ont conclu

Imperfect indicative	*Pluperfect indicative*
je concluais	j'avais conclu
tu concluais	tu avais conclu
il concluait	il avait conclu
nous concluions	nous avions conclu
vous concluiez	vous aviez conclu
ils concluaient	ils avaient conclu

Past historic	*Present subjunctive*
je conclus	que je conclue
tu conclus	que tu conclues
il conclut	qu'il conclue
nous conclûmes	que nous concluions
vous conclûtes	que vous concluiez
ils conclurent	qu'ils concluent

Future	*Conditional*
je conclurai	je conclurais
tu concluras	tu conclurais
il conclura	il conclurait
nous conclurons	nous conclurions
vous conclurez	vous concluriez
ils concluront	ils concluraient

Imperative conclus, concluons, concluez

conduire *to drive, lead*

Present participle conduisant
Past participle conduit

Present indicative	*Perfect indicative*
je conduis	j'ai conduit
tu conduis	tu as conduit
il conduit	il a conduit
nous conduisons	nous avons conduit
vous conduisez	vous avez conduit
ils conduisent	ils ont conduit
Imperfect indicative	*Pluperfect indicative*
je conduisais	j'avais conduit
tu conduisais	tu avais conduit
il conduisait	il avait conduit
nous conduisions	nous avions conduit
vous conduisiez	vous aviez conduit
ils conduisaient	ils avaient conduit
Past historic	*Present subjunctive*
je conduisis	que je conduise
tu conduisis	que tu conduises
il conduisit	qu'il conduise
nous conduisîmes	que nous conduisions
vous conduisîtes	que vous conduisiez
ils conduisirent	qu'ils conduisent
Future	*Conditional*
je conduirai	je conduirais
tu conduiras	tu conduirais
il conduira	il conduirait
nous conduirons	nous conduirions
vous conduirez	vous conduiriez
ils conduiront	ils conduiraient

Imperative conduis, conduisons, conduisez

connaître *to know*

Present participle connaissant
Past participle connu

Present indicative	*Perfect indicative*
je connais	j'ai connu
tu connais	tu as connu
il connaît	il a connu
nous connaissons	nous avons connu
vous connaissez	vous avez connu
ils connaissent	ils ont connu
Imperfect indicative	*Pluperfect indicative*
je connaissais	j'avais connu
tu connaissais	tu avais connu
il connaissait	il avait connu
nous connaissions	nous avions connu
vous connaissiez	vous aviez connu
ils connaissaient	ils avaient connu
Past historic	*Present subjunctive*
je connus	que je connaisse
tu connus	que tu connaisses
il connut	qu'il connaisse
nous connûmes	que nous connaissions
vous connûtes	que vous connaissiez
ils connurent	qu'ils connaissent
Future	*Conditional*
je connaîtrai	je connaîtrais
tu connaîtras	tu connaîtrais
il connaîtra	il connaîtrait
nous connaîtrons	nous connaîtrions
vous connaîtrez	vous connaîtriez
ils connaîtront	ils connaîtraient

Imperative connais, connaissons, connaissez

conquérir *to conquer*

Present participle conquérant
Past participle conquis

Present indicative	*Perfect indicative*
je conquiers	j'ai conquis
tu conquiers	tu as conquis
il conquiert	il a conquis
nous conquérons	nous avons conquis
vous conquérez	vous avez conquis
ils conquièrent	ils ont conquis
Imperfect indicative	*Pluperfect indicative*
je conquérais	j'avais conquis
tu conquérais	tu avais conquis
il conquérait	il avait conquis
nous conquérions	nous avions conquis
vous conquériez	vous aviez conquis
ils conquéraient	ils avaient conquis
Past historic	*Present subjunctive*
je conquis	que j'conquière
tu conquis	que tu conquières
il conquit	qu'il conquière
nous conquîmes	que nous conquérions
vous conquîtes	que vous conquériez
ils conquirent	qu'ils conquièrent
Future	*Conditional*
je conquerrai	je conquerrais
tu conquerras	tu conquerrais
il conquerra	il conquerrait
nous conquerrons	nous conquerrions
vous conquerrez	vous conquerriez
ils conquerront	ils conquerraient

Imperative conquiers, conquérons, conquérez

consentir *to consent, agree*

Present participle consentant
Past participle consenti

Present indicative	*Perfect indicative*
je consens	j'ai consenti
tu consens	tu as consenti
il consent	il a consenti
nous consentons	nous avons consenti
vous consentez	vous avez consenti
ils consentent	ils ont consenti
Imperfect indicative	*Pluperfect indicative*
je consentais	j'avais consenti
tu consentais	tu avais consenti
il consentait	il avait consenti
nous consentions	nous avions consenti
vous consentiez	vous aviez consenti
ils consentaient	ils avaient consenti
Past historic	*Present subjunctive*
je consentis	que je consente
tu consentis	que tu consentes
il consentit	qu'il consente
nous consentîmes	que nous consentions
vous consentîtes	que vous consentiez
ils consentirent	qu'ils consentent
Future	*Conditional*
je consentirai	je consentirais
tu consentiras	tu consentirais
il consentira	il consentirait
nous consentirons	nous consentirions
vous consentirez	vous consentiriez
ils consentiront	ils consentiraient

Imperative consens, consentons, consentez

construire *to build*

Present participle construisant
Past participle construit

Present indicative	*Perfect indicative*
je construis	j'ai construit
tu construis	tu as construit
il construit	il a construit
nous construisons	nous avons construit
vous construisez	vous avez construit
ils construisent	ils ont construit
Imperfect indicative	*Pluperfect indicative*
je construisais	j'avais construit
tu construisais	tu avais construit
il construisait	il avait construit
nous construisions	nous avions construit
vous construisiez	vous aviez construit
ils construisaient	ils avaient construit
Past historic	*Present subjunctive*
je construisis	que je construise
tu construisis	que tu construises
il construisit	qu'il construise
nous construisîmes	que nous construisions
vous construisîtes	que vous construisiez
ils construisirent	qu'ils construisent
Future	*Conditional*
je construirai	je construirais
tu construiras	tu construirais
il construira	il construirait
nous construirons	nous construirions
vous construirez	vous construiriez
ils construiront	ils construiraient

Imperative construis, construisons, construisez

contenir *to contain*

Present participle contenant
Past participle contenu

Present indicative	*Perfect indicative*
je contiens	j'ai contenu
tu contiens	tu as contenu
il contient	il a contenu
nous contenons	nous avons contenu
vous contenez	vous avez contenu
ils contiennent	ils ont contenu

Imperfect indicative	*Pluperfect indicative*
je contenais	j'avais contenu
tu contenais	tu avais contenu
il contenait	il avait contenu
nous contenions	nous avions contenu
vous conteniez	vous aviez contenu
ils contenaient	ils avaient contenu

Past historic	*Present subjunctive*
je contins	que je contienne
tu contins	que tu contiennes
il contint	qu'il contienne
nous contînmes	que nous contenions
vous contîntes	que vous conteniez
ils continrent	qu'ils contiennent

Future	*Conditional*
je contiendrai	je contiendrais
tu contiendras	tu contiendrais
il contiendra	il contiendrait
nous contiendrons	nous contiendrions
vous contiendrez	vous contiendriez
ils contiendront	ils contiendraient

Imperative contiens, contenons, contenez

contredire *to contradict*

Present participle contredisant
Past participle contredit

Present indicative	*Perfect indicative*
je contredis	j'ai contredit
tu contredis	tu as contredit
il contredit	il a contredit
nous contredisons	nous avons contredit
vous contredisez	vous avez contredit
ils contredisent	ils ont contredit
Imperfect indicative	*Pluperfect indicative*
je contredisais	j'avais contredit
tu contredisais	tu avais contredit
il contredisait	il avait contredit
nous contredisions	nous avions contredit
vous contredisiez	vous aviez contredit
ils contredisaient	ils avaient contredit
Past historic	*Present subjunctive*
je contredis	que je contredise
tu contredis	que tu contredises
il contredit	qu'il contredise
nous contredîmes	que nous contredisions
vous contredîtes	que vous contredisiez
ils contredirent	qu'ils contredisent
Future	*Conditional*
je contredirai	je contredirais
tu contrediras	tu contredirais
il contredira	il contredirait
nous contredirons	nous contredirions
vous contredirez	vous contrediriez
ils contrediront	ils contrediraient

Imperative contredis, contredisons, contredisez

convaincre *to convince*

Present participle convainquant
Past participle convaincu

Present indicative
je convaincs
tu convaincs
il convainc
nous convainquons
vous convainquez
ils convainquent

Imperfect indicative
je convainquais
tu convainquais
il convainquait
nous convainquions
vous convainquiez
ils convainquaient

Past historic
je convainquis
tu convainquis
il convainquit
nous convainquîmes
vous convainquîtes
ils convainquirent

Future
je convaincrai
tu convaincras
il convaincra
nous convaincrons
vous convaincrez
ils convaincront

Perfect indicative
j'ai convaincu
tu as convaincu
il a convaincu
nous avons convaincu
vous avez convaincu
ils ont convaincu

Pluperfect indicative
j'avais convaincu
tu avais convaincu
il avait convaincu
nous avions convaincu
vous aviez convaincu
ils avaient convaincu

Present subjunctive
que je convainque
que tu convainques
qu'il convainque
que nous convainquions
que vous convainquiez
qu'ils convainquent

Conditional
je convaincrais
tu convaincrais
il convaincrait
nous convaincrions
vous convaincriez
ils convaincraient

Imperative convaincs, convainquons, convainquez

coudre *to sew*

Present participle cousant
Past participle cousu

Present indicative	*Perfect indicative*
je couds	j'ai cousu
tu couds	tu as cousu
il coud	il a cousu
nous cousons	nous avons cousu
vous cousez	vous avez cousu
ils cousent	ils ont cousu

Imperfect indicative	*Pluperfect indicative*
je cousais	j'avais cousu
tu cousais	tu avais cousu
il cousait	il avait cousu
nous cousions	nous avions cousu
vous cousiez	vous aviez cousu
ils cousaient	ils avaient cousu

Past historic	*Present subjunctive*
je cousis	que je couse
tu cousis	que tu couses
il cousit	qu'il couse
nous cousîmes	que nous cousions
vous cousîtes	que vous cousiez
ils cousirent	qu'ils cousent

Future	*Conditional*
je coudrai	je coudrais
tu coudras	tu coudrais
il coudra	il coudrait
nous coudrons	nous coudrions
vous coudrez	vous coudriez
ils coudront	ils coudraient

Imperative couds, cousons, cousez

courir *to run*

Present participle courant
Past participle couru

Present indicative	*Perfect indicative*
je cours	j'ai couru
tu cours	tu as couru
il court	il a couru
nous courons	nous avons couru
vous courez	vous avez couru
ils courent	ils ont couru

Imperfect indicative	*Pluperfect indicative*
je courais	j'avais couru
tu courais	tu avais couru
il courait	il avait couru
nous courions	nous avions couru
vous couriez	vous aviez couru
ils couraient	ils avaient couru

Past historic	*Present subjunctive*
je courus	que je coure
tu courus	que tu coures
il courut	qu'il coure
nous courûmes	que nous courions
vous courûtes	que vous couriez
ils coururent	qu'ils courent

Future	*Conditional*
je courrai	je courrais
tu courras	tu courrais
il courra	il courrait
nous courrons	nous courrions
vous courrez	vous courriez
ils courront	ils courraient

Imperative cours, courons, courez

couvrir *to cover*

Present participle couvrant
Past participle couvert

Present indicative	*Perfect indicative*
je couvre	je suis couvert
tu couvres	tu es couvert
il couvre	il est couvert
nous couvrons	nous sommes couverts
vous couvrez	vous êtes couverts
ils couvrent	ils sont couverts

Imperfect indicative	*Pluperfect indicative*
je couvrais	j'étais couvert
tu couvrais	tu étais couvert
il couvrait	il était couvert
nous couvrions	nous étions couverts
vous couvriez	vous étiez couverts
ils couvraient	ils étaient couverts

Past historic	*Present subjunctive*
je couvris	que je couvre
tu couvris	que tu couvres
il couvrit	qu'il couvre
nous couvrîmes	que nous couvrions
vous couvrîtes	que vous couvriez
ils couvrirent	qu'ils couvrent

Future	*Conditional*
je couvrirai	je couvrirais
tu couvriras	tu couvrirais
il couvrira	il couvrirait
nous couvrirons	nous couvririons
vous couvrirez	vous couvririez
ils couvriront	ils couvriraient

Imperative couvre, couvrons, couvrez

craindre *to fear*

Present participle craignant
Past participle craint

Present indicative	*Perfect indicative*
je crains	j'ai craint
tu crains	tu as craint
il craint	il a craint
nous craignons	nous avons craint
vous craignez	vous avez craint
ils craignent	ils ont craint

Imperfect indicative	*Pluperfect indicative*
je craignais	j'avais craint
tu craignais	tu avais craint
il craignait	il avait craint
nous craignions	nous avions craint
vous craigniez	vous aviez craint
ils craignaient	ils avaient craint

Past historic	*Present subjunctive*
je craignis	que je craigne
tu craignis	que tu craignes
il craignit	qu'il craigne
nous craignîmes	que nous craignions
vous craignîtes	que vous craigniez
ils craignirent	qu'ils craignent

Future	*Conditional*
je craindrai	je craindrais
tu craindras	tu craindrais
il craindra	il craindrait
nous craindrons	nous craindrions
vous craindrez	vous craindriez
ils craindront	ils craindraient

Imperative crains, craignons, craignez

créer *to create*

Present participle créant
Past participle créé

Present indicative	*Perfect indicative*
je crée	j'ai créé
tu crées	tu as créé
il crée	il a créé
nous créons	nous avons créé
vous créez	vous avez créé
ils créent	ils ont créé

Imperfect indicative	*Pluperfect indicative*
je créais	j'avais créé
tu créais	tu avais créé
il créait	il avait créé
nous créions	nous avions créé
vous créiez	vous aviez créé
ils créaient	ils avaient créé

Past historic	*Present subjunctive*
je créai	que je crée
tu créas	que tu crées
il créa	qu'il crée
nous créâmes	que nous créions
vous créâtes	que vous créiez
ils créèrent	qu'ils créent

Future	*Conditional*
je créerai	je créerais
tu créeras	tu créerais
il créera	il créerait
nous créerons	nous créerions
vous créerez	vous créeriez
ils créeront	ils créeraient

Imperative crée, créons, créez

croire *to believe, think*

Present participle croyant
Past participle cru

Present indicative	*Perfect indicative*
je crois	j'ai cru
tu crois	tu as cru
il croit	il a cru
nous croyons	nous avons cru
vous croyez	vous avez cru
ils croient	ils ont cru
Imperfect indicative	*Pluperfect indicative*
je croyais	j'avais cru
tu croyais	tu avais cru
il croyait	il avait cru
nous croyions	nous avions cru
vous croyiez	vous aviez cru
ils croyaient	ils avaient cru
Past historic	*Present subjunctive*
je crus	que je croie
tu crus	que tu croies
il crut	qu'il croie
nous crûmes	que nous croyions
vous crûtes	que vous croyiez
ils crurent	qu'ils croient
Future	*Conditional*
je croirai	je croirais
tu croiras	tu croirais
il croira	il croirait
nous croirons	nous croirions
vous croirez	vous croiriez
ils croiront	ils croiraient

Imperative crois, croyons, croyez

croître *to grow, increase*

Present participle croissant
Past participle crû

Present indicative	*Perfect indicative*
je croîs	j'ai crû
tu croîs	tu as crû
il croît	il a crû
nous croissons	nous avons crû
vous croissez	vous avez crû
ils croissent	ils ont crû

Imperfect indicative	*Pluperfect indicative*
je croissais	j'avais crû
tu croissais	tu avais crû
il croissait	il avait crû
nous croissions	nous avions crû
vous croissiez	vous aviez crû
ils croissaient	ils avaient crû

Past historic	*Present subjunctive*
je crûs	que je croisse
tu crûs	que tu croisses
il crût	qu'il croisse
nous crûmes	que nous croissions
vous crûtes	que vous croissiez
ils crûrent	qu'ils croissent

Future	*Conditional*
je croîtrai	je croîtrais
tu croîtras	tu croîtrais
il croîtra	il croîtrait
nous croîtrons	nous croîtrions
vous croîtrez	vous croîtriez
ils croîtront	ils croîtraient

Imperative croîs, croissons, croissez

cueillir *to pick*

Present participle cueillant
Past participle cueilli

Present indicative	*Perfect indicative*
je cueille	j'ai cueilli
tu cueilles	tu as cueilli
il cueille	il a cueilli
nous cueillons	nous avons cueilli
vous cueillez	vous avez cueilli
ils cueillent	ils ont cueilli

Imperfect indicative	*Pluperfect indicative*
je cueillais	j'avais cueilli
tu cueillais	tu avais cueilli
il cueillait	il avait cueilli
nous cueillions	nous avions cueilli
vous cueilliez	vous aviez cueilli
ils cueillaient	ils avaient cueilli

Past historic	*Present subjunctive*
je cueillis	que je cueille
tu cueillis	que tu cueilles
il cueillit	qu'il cueille
nous cueillîmes	que nous cueillions
vous cueillîtes	que vous cueilliez
ils cueillirent	qu'ils cueillent

Future	*Conditional*
je cueillerai	je cueillerais
tu cueilleras	tu cueillerais
il cueillera	il cueillerait
nous cueillerons	nous cueillerions
vous cueillerez	vous cueilleriez
ils cueilleront	ils cueilleraient

Imperative cueille, cueillons, cueillez

cuire *to cook*

Present participle cuisant
Past participle cuit

Present indicative	*Perfect indicative*
je cuis	j'ai cuit
tu cuis	tu as cuit
il cuit	il a cuit
nous cuisons	nous avons cuit
vous cuisez	vous avez cuit
ils cuisent	ils ont cuit

Imperfect indicative	*Pluperfect indicative*
je cuisais	j'avais cuit
tu cuisais	tu avais cuit
il cuisait	il avait cuit
nous cuisions	nous avions cuit
vous cuisiez	vous aviez cuit
ils cuisaient	ils avaient cuit

Past historic	*Present subjunctive*
je cuisis	que je cuise
tu cuisis	que tu cuises
il cuisit	qu'il cuise
nous cuisîmes	que nous cuisions
vous cuisîtes	que vous cuisiez
ils cuisirent	qu'ils cuisent

Future	*Conditional*
je cuirai	je cuirais
tu cuiras	tu cuirais
il cuira	il cuirait
nous cuirons	nous cuirions
vous cuirez	vous cuiriez
ils cuiront	ils cuiraient

Imperative cuis, cuisons, cuisez

débattre *to discuss, debate*

Present participle débattant
Past participle débattu

Present indicative	*Perfect indicative*
je débats	j'ai débattu
tu débats	tu as débattu
il débat	il a débattu
nous débattons	nous avons débattu
vous débattez	vous avez débattu
ils débattent	ils ont débattu
Imperfect indicative	*Pluperfect indicative*
je débattais	j'avais débattu
tu débattais	tu avais débattu
il débattait	il avait débattu
nous débattions	nous avions débattu
vous débattiez	vous aviez débattu
ils débattaient	ils avaient débattu
Past historic	*Present subjunctive*
je débattis	que je débatte
tu débattis	que tu débattes
il débattit	qu'il débatte
nous débattîmes	que nous débattions
vous débattîtes	que vous débattiez
ils débattirent	qu'ils débattent
Future	*Conditional*
je débattrai	je débattrais
tu débattras	tu débattrais
il débattra	il débattrait
nous débattrons	nous débattrions
vous débattrez	vous débattriez
ils débattront	ils débattraient

Imperative débats, débattons, débattez

décevoir *to disappoint*

Present participle décevant
Past participle déçu

Present indicative	*Perfect indicative*
je déçois	j'ai déçu
tu déçois	tu as déçu
il déçoit	il a déçu
nous décevons	nous avons déçu
vous décevez	vous avez déçu
ils déçoivent	ils ont déçu

Imperfect indicative	*Pluperfect indicative*
je décevais	j'avais déçu
tu décevais	tu avais déçu
il décevait	il avait déçu
nous décevions	nous avions déçu
vous déceviez	vous aviez déçu
ils décevaient	ils avaient déçu

Past historic	*Present subjunctive*
je déçus	que je déçoive
tu déçus	que tu déçoives
il déçut	qu'il déçoive
nous déçûmes	que nous décevions
vous déçûtes	que vous déceviez
ils déçurent	qu'ils déçoivent

Future	*Conditional*
je décevrai	je décevrais
tu décevras	tu décevrais
il décevra	il décevrait
nous décevrons	nous décevrions
vous décevrez	vous décevriez
ils décevront	ils décevraient

Imperative déçois, décevons, décevez

décrire *to describe*

Present participle décrivant
Past participle décrit

Present indicative	*Perfect indicative*
je décris	j'ai décrit
tu décris	tu as décrit
il décrit	il a décrit
nous décrivons	nous avons décrit
vous décrivez	vous avez décrit
ils décrivent	ils ont décrit
Imperfect indicative	*Pluperfect indicative*
je décrivais	j'avais décrit
tu décrivais	tu avais décrit
il décrivait	il avait décrit
nous décrivions	nous avions décrit
vous décriviez	vous aviez décrit
ils décrivaient	ils avaient décrit
Past historic	*Present subjunctive*
je décrivis	que je décrive
tu décrivis	que tu décrives
il décrivit	qu'il décrive
nous décrivîmes	que nous décrivions
vous décrivîtes	que vous décriviez
ils décrivirent	qu'ils décrivent
Future	*Conditional*
je décrirai	je décrirais
tu décriras	tu décrirais
il décrira	il décrirait
nous décrirons	nous décririons
vous décrirez	vous décririez
ils décriront	ils décriraient

Imperative décris, décrivons, décrivez

décroître *to decrease*

Present participle décroissant
Past participle décrû

Present indicative	*Perfect indicative*
je décroîs	j'ai décrû
tu décroîs	tu as décrû
il décroît	il a décrû
nous décroissons	nous avons décrû
vous décroissez	vous avez décrû
ils décroissent	ils ont décrû
Imperfect indicative	*Pluperfect indicative*
je décroissais	j'avais décrû
tu décroissais	tu avais décrû
il décroissait	il avait décrû
nous décroissions	nous avions décrû
vous décroissiez	vous aviez décrû
ils décroissaient	ils avaient décrû
Past historic	*Present subjunctive*
je décrûs	que je décroisse
tu décrûs	que tu décroisses
il décrût	qu'il décroisse
nous décrûmes	que nous décroissions
vous décrûtes	que vous décroissiez
ils décrûrent	qu'ils décroissent
Future	*Conditional*
je décroîtrai	je décroîtrais
tu décroîtras	tu décroîtrais
il décroîtra	il décroîtrait
nous décroîtrons	nous décroîtrions
vous décroîtrez	vous décroîtriez
ils décroîtront	ils décroîtraient

Imperative décroîs, décroissons, décroissez

déduire *to deduce, infer*

Present participle déduisant
Past participle déduit

Present indicative	*Perfect indicative*
je déduis	j'ai déduit
tu déduis	tu as déduit
il déduit	il a déduit
nous déduisons	nous avons déduit
vous déduisez	vous avez déduit
ils déduisent	ils ont déduit
Imperfect indicative	*Pluperfect indicative*
je déduisais	j'avais déduit
tu déduisais	tu avais déduit
il déduisait	il avait déduit
nous déduisions	nous avions déduit
vous déduisiez	vous aviez déduit
ils déduisaient	ils avaient déduit
Past historic	*Present subjunctive*
je déduisis	que je déduise
tu déduisis	que tu déduises
il déduisit	qu'il déduise
nous déduisîmes	que nous déduisions
vous déduisîtes	que vous déduisiez
ils déduisirent	qu'ils déduisent
Future	*Conditional*
je déduirai	je déduirais
tu déduiras	tu déduirais
il déduira	il déduirait
nous déduirons	nous déduirions
vous déduirez	vous déduiriez
ils déduiront	ils déduiraient

Imperative déduis, déduisons, déduisez

défaire *to undo*

Present participle défaisant
Past participle défait

Present indicative	*Perfect indicative*
je défais	j'ai défait
tu défais	tu as défait
il défait	il a défait
nous défaisons	nous avons défait
vous défaites	vous avez défait
ils défont	ils ont défait
Imperfect indicative	*Pluperfect indicative*
je défaisais	j'avais défait
tu défaisais	tu avais défait
il défaisait	il avait défait
nous défaisions	nous avions défait
vous défaisiez	vous aviez défait
ils défaisaient	ils avaient défait
Past historic	*Present subjunctive*
je défis	que je défasse
tu défis	que tu défasses
il défit	qu'il défasse
nous défîmes	que nous défassions
vous défîtes	que vous défassiez
ils défirent	qu'ils défassent
Future	*Conditional*
je déferai	je déferais
tu déferas	tu déferais
il défera	il déferait
nous déferons	nous déferions
vous déferez	vous déferiez
ils déferont	ils déferaient

Imperative défais, défaisons, défaites

démentir *to deny*

Present participle démentant
Past participle démenti

Present indicative	*Perfect indicative*
je démens	j'ai démenti
tu démens	tu as démenti
il dément	il a démenti
nous démentons	nous avons démenti
vous démentez	vous avez démenti
ils démentent	ils ont démenti

Imperfect indicative	*Pluperfect indicative*
je démentais	j'avais démenti
tu démentais	tu avais démenti
il démentait	il avait démenti
nous démentions	nous avions démenti
vous démentiez	vous aviez démenti
ils démentaient	ils avaient démenti

Past historic	*Present subjunctive*
je démentis	que je démente
tu démentis	que tu démentes
il démentit	qu'il démente
nous démentîmes	que nous démentions
vous démentîtes	que vous démentiez
ils démentirent	qu'ils démentent

Future	*Conditional*
je démentirai	je démentirais
tu démentiras	tu démentirais
il démentira	il démentirait
nous démentirons	nous démentirions
vous démentirez	vous démentiriez
ils démentiront	ils démentiraient

Imperative démens, démentons, démentez

dépenser *to spend*

Present participle dépensant
Past participle dépensé

Present indicative
je dépense
tu dépenses
il dépense
nous dépensons
vous dépensez
ils dépensent

Imperfect indicative
je dépensais
tu dépensais
il dépensait
nous dépensions
vous dépensiez
ils dépensaient

Past historic
je dépensai
tu dépensas
il dépensa
nous dépensâmes
vous dépensâtes
ils dépensèrent

Future
je dépenserai
tu dépenseras
il dépensera
nous dépenserons
vous dépenserez
ils dépenseront

Perfect indicative
j'ai dépensé
tu as dépensé
il a dépensé
nous avons dépensé
vous avez dépensé
ils ont dépensé

Pluperfect indicative
j'avais dépensé
tu avais dépensé
il avait dépensé
nous avions dépensé
vous aviez dépensé
ils avaient dépensé

Present subjunctive
que je dépense
que tu dépenses
qu'il dépense
que nous dépensions
que vous dépensiez
qu'ils dépensent

Conditional
je dépenserais
tu dépenserais
il dépenserait
nous dépenserions
vous dépenseriez
ils dépenseraient

Imperative dépense, dépensons, dépensez

descendre *to go down, descend*

Present participle descendant
Past participle descendu

Present indicative	*Perfect indicative*
je descends	je suis descendu
tu descends	tu es descendu
il descend	il est descendu
nous descendons	nous sommes descendus
vous descendez	vous êtes descendus
ils descendent	ils sont descendus
Imperfect indicative	*Pluperfect indicative*
je descendais	j'étais descendu
tu descendais	tu étais descendu
il descendait	il était descendu
nous descendions	nous étions descendus
vous descendiez	vous étiez descendus
ils descendaient	ils étaient descendus
Past historic	*Present subjunctive*
je descendis	que je descende
tu descendis	que tu descendes
il descendit	qu'il descende
nous descendîmes	que nous descendions
vous descendîtes	que vous descendiez
ils descendirent	qu'ils descendent
Future	*Conditional*
je descendrai	je descendrais
tu descendras	tu descendrais
il descendra	il descendrait
nous descendrons	nous descendrions
vous descendrez	vous descendriez
ils descendront	ils descendraient

Imperative descends, descendons, descendez

détenir *to hold, detain*

Present participle détenant
Past participle détenu

Present indicative	*Perfect indicative*
je détiens	j'ai détenu
tu détiens	tu as détenu
il détient	il a détenu
nous détenons	nous avons détenu
vous détenez	vous avez détenu
ils détiennent	ils ont détenu
Imperfect indicative	*Pluperfect indicative*
je détenais	j'avais détenu
tu détenais	tu avais détenu
il détenait	il avait détenu
nous détenions	nous avions détenu
vous déteniez	vous aviez détenu
ils détenaient	ils avaient détenu
Past historic	*Present subjunctive*
je détins	que je détienne
tu détins	que tu détiennes
il détint	qu'il détienne
nous détînmes	que nous détenions
vous détîntes	que vous déteniez
ils détinrent	qu'ils détiennent
Future	*Conditional*
je détiendrai	je détiendrais
tu détiendras	tu détiendrais
il détiendra	il détiendrait
nous détiendrons	nous détiendrions
vous détiendrez	vous détiendriez
ils détiendront	ils détiendraient

Imperative détiens, détenons, détenez

détruire *to destruct*

Present participle détruisant
Past participle détruit

Present indicative	*Perfect indicative*
je détruis	j'ai détruit
tu détruis	tu as détruit
il détruit	il a détruit
nous détruisons	nous avons détruit
vous détruisez	vous avez détruit
ils détruisent	ils ont détruit

Imperfect indicative	*Pluperfect indicative*
je détruisais	j'avais détruit
tu détruisais	tu avais détruit
il détruisait	il avait détruit
nous détruisions	nous avions détruit
vous détruisiez	vous aviez détruit
ils détruisaient	ils avaient détruit

Past historic	*Present subjunctive*
je détruisis	que je détruise
tu détruisis	que tu détruises
il détruisit	qu'il détruise
nous détruisîmes	que nous détruisions
vous détruisîtes	que vous détruisiez
ils détruisirent	qu'ils détruisent

Future	*Conditional*
je détruirai	je détruirais
tu détruiras	tu détruirais
il détruira	il détruirait
nous détruirons	nous détruirions
vous détruirez	vous détruiriez
ils détruiront	ils détruiraient

Imperative détruis, détruisons, détruisez

devenir *to become*

Present participle devenant
Past participle devenu

Present indicative	*Perfect indicative*
je deviens	je suis devenu
tu deviens	tu es devenu
il devient	il est devenu
nous devenons	nous sommes devenus
vous devenez	vous êtes devenus
ils deviennent	ils sont devenus

Imperfect indicative	*Pluperfect indicative*
je devenais	j'étais devenu
tu devenais	tu étais devenu
il devenait	il était devenu
nous devenions	nous étions devenus
vous deveniez	vous étiez devenus
ils devenaient	ils étaient devenus

Past historic	*Present subjunctive*
je devins	que je devienne
tu devins	que tu deviennes
il devint	qu'il devienne
nous devînmes	que nous devenions
vous devîntes	que vous deveniez
ils devinrent	qu'ils deviennent

Future	*Conditional*
je deviendrai	je deviendrais
tu deviendras	tu deviendrais
il deviendra	il deviendrait
nous deviendrons	nous deviendrions
vous deviendrez	vous deviendriez
ils deviendront	ils deviendraient

Imperative deviens, devenons, devenez

devoir *must, to owe*

Present participle devant
Past participle dû

Present indicative	*Perfect indicative*
je dois	j'ai dû
tu dois	tu as dû
il doit	il a dû
nous devons	nous avons dû
vous devez	vous avez dû
ils doivent	ils ont dû
Imperfect indicative	*Pluperfect indicative*
je devais	j'avais dû
tu devais	tu avais dû
il devait	il avait dû
nous devions	nous avions dû
vous deviez	vous aviez dû
ils devaient	ils avaient dû
Past historic	*Present subjunctive*
je dus	que je doive
tu dus	que tu doives
il dut	qu'il doive
nous dûmes	que nous devions
vous dûtes	que vous deviez
ils durent	qu'ils doivent
Future	*Conditional*
je devrai	je devrais
tu devras	tu devrais
il devra	il devrait
nous devrons	nous devrions
vous devrez	vous devriez
ils devront	ils devraient

Imperative dois, devons, devez

dire *to say, tell*

Present participle disant
Past participle dit

Present indicative	*Perfect indicative*
je dis	j'ai dit
tu dis	tu as dit
il dit	il a dit
nous disons	nous avons dit
vous dites	vous avez dit
ils disent	ils ont dit

Imperfect indicative	*Pluperfect indicative*
je disais	j'avais dit
tu disais	tu avais dit
il disait	il avait dit
nous disions	nous avions dit
vous disiez	vous aviez dit
ils disaient	ils avaient dit

Past historic	*Present subjunctive*
je dis	que je dise
tu dis	que tu dises
il dit	qu'il dise
nous dîmes	que nous disions
vous dîtes	que vous disiez
ils dirent	qu'ils disent

Future	*Conditional*
je dirai	je dirais
tu diras	tu dirais
il dira	il dirait
nous dirons	nous dirions
vous direz	vous diriez
ils diront	ils diraient

Imperative dis, disons, dites

disjoindre *to take apart, disconnect*

Present participle disjoignant
Past participle disjoint

Present indicative	*Perfect indicative*
je disjoins	j'ai disjoint
tu disjoins	tu as disjoint
il disjoint	il a disjoint
nous disjoignons	nous avons disjoint
vous disjoignez	vous avez disjoint
ils disjoignent	ils ont disjoint

Imperfect indicative	*Pluperfect indicative*
je disjoignais	j'avais disjoint
tu disjoignais	tu avais disjoint
il disjoignait	il avait disjoint
nous disjoignions	nous avions disjoint
vous disjoigniez	vous aviez disjoint
ils disjoignaient	ils avaient disjoint

Past historic	*Present subjunctive*
je disjoignis	que je disjoigne
tu disjoignis	que tu disjoignes
il disjoignit	qu'il disjoigne
nous disjoignîmes	que nous disjoignions
vous disjoignîtes	que vous disjoigniez
ils disjoignirent	qu'ils disjoignent

Future	*Conditional*
je disjoindrai	je disjoindrais
tu disjoindras	tu disjoindrais
il disjoindra	il disjoindrait
nous disjoindrons	nous disjoindrions
vous disjoindrez	vous disjoindriez
ils disjoindront	ils disjoindraient

Imperative disjoins, disjoignons, disjoignez

disparaître *to disappear*

Present disparticiple disparaissant
Past disparticiple disparu

Present indicative	*Perfect indicative*
je disparais	j'ai disparu
tu disparais	tu as disparu
il disparaît	il a disparu
nous disparaissons	nous avons disparu
vous disparaissez	vous avez disparu
ils disparaissent	ils ont disparu
Imperfect indicative	*Pluperfect indicative*
je disparaissais	j'avais disparu
tu disparaissais	tu avais disparu
il disparaissait	il avait disparu
nous disparaissions	nous avions disparu
vous disparaissiez	vous aviez disparu
ils disparaissaient	ils avaient disparu
Past historic	*Present subjunctive*
je disparus	que je disparaisse
tu disparus	que tu disparaisses
il disparut	qu'il disparaisse
nous disparûmes	que nous disparaissions
vous disparûtes	que vous disparaissiez
ils disparurent	qu'ils disparaissent
Future	*Conditional*
je disparaîtrai	je disparaîtrais
tu disparaîtras	tu disparaîtrais
il disparaîtra	il disparaîtrait
nous disparaîtrons	nous disparaîtrions
vous disparaîtrez	vous disparaîtriez
ils disparaîtront	ils disparaîtraient

Imperative disparais, disparaissons, disparaissez

dissoudre *to dissolve*

Present participle dissolvant
Past participle dissous (-te)

Present indicative	*Perfect indicative*
je dissous	j'ai dissous
tu dissous	tu as dissous
il dissout	il a dissous
nous dissolvons	nous avons dissous
vous dissolvez	vous avez dissous
ils dissolvent	ils ont dissous
Imperfect indicative	*Pluperfect indicative*
je dissolvais	j'avais dissous
tu dissolvais	tu avais dissous
il dissolvait	il avait dissous
nous dissolvions	nous avions dissous
vous dissolviez	vous aviez dissous
ils dissolvaient	ils avaient dissous
Past historic	*Present subjunctive*
–	que je dissolve
–	que tu dissolves
–	qu'il dissolve
–	que nous dissolvions
–	que vous dissolviez
–	qu'ils dissolvent
Future	*Conditional*
je dissoudrai	je dissoudrais
tu dissoudras	tu dissoudrais
il dissoudra	il dissoudrait
nous dissoudrons	nous dissoudrions
vous dissoudrez	vous dissoudriez
ils dissoudront	ils dissoudraient

Imperative dissous, dissolvons, dissolvez

distraire *to distract, entertain*

Present participle distrayant
Past participle distrait

Present indicative	*Perfect indicative*
je distrais	j'ai distrait
tu distrais	tu as distrait
il distrait	il a distrait
nous distrayons	nous avons distrait
vous distrayez	vous avez distrait
ils distraient	ils ont distrait
Imperfect indicative	*Pluperfect indicative*
je distrayais	j'avais distrait
tu distrayais	tu avais distrait
il distrayait	il avait distrait
nous distrayions	nous avions distrait
vous distrayiez	vous aviez distrait
ils distrayaient	ils avaient distrait
Past historic	*Present subjunctive*
–	que je distraie
–	que tu distraies
–	qu'il distraie
–	que nous distrayions
–	que vous distrayiez
–	qu'ils distraient
Future	*Conditional*
je distrairai	je distrairais
tu distrairas	tu distrairais
il distraira	il distrairait
nous distrairons	nous distrairions
vous distrairez	vous distrairiez
ils distrairont	ils distrairaient

Imperative distrais, distrayons, distrayez

donner *to give*

Present participle donnant
Past participle donné

Present indicative
je donne
tu donnes
il donne
nous donnons
vous donnez
ils donnent

Perfect indicative
j'ai donné
tu as donné
il a donné
nous avons donné
vous avez donné
ils ont donné

Imperfect indicative
je donnais
tu donnais
il donnait
nous donnions
vous donniez
ils donnaient

Pluperfect indicative
j'avais donné
tu avais donné
il avait donné
nous avions donné
vous aviez donné
ils avaient donné

Past historic
je donnai
tu donnas
il donna
nous donnâmes
vous donnâtes
ils donnèrent

Present subjunctive
que je donne
que tu donnes
qu'il donne
que nous donnions
que vous donniez
qu'ils donnent

Future
je donnerai
tu donneras
il donnera
nous donnerons
vous donnerez
ils donneront

Conditional
je donnerais
tu donnerais
il donnerait
nous donnerions
vous donneriez
ils donneraient

Imperative donne, donnons, donnez

dormir *to sleep*
Present participle dormant
Past participle dormi

Present indicative	*Perfect indicative*
je dors	j'ai dormi
tu dors	tu as dormi
il dort	il a dormi
nous dormons	nous avons dormi
vous dormez	vous avez dormi
ils dorment	ils ont dormi
Imperfect indicative	*Pluperfect indicative*
je dormais	j'avais dormi
tu dormais	tu avais dormi
il dormait	il avait dormi
nous dormions	nous avions dormi
vous dormiez	vous aviez dormi
ils dormaient	ils avaient dormi
Past historic	*Present subjunctive*
je dormis	que je dorme
tu dormis	que tu dormes
il dormit	qu'il dorme
nous dormîmes	que nous dormions
vous dormîtes	que vous dormiez
ils dormirent	qu'ils dorment
Future	*Conditional*
je dormirai	je dormirais
tu dormiras	tu dormirais
il dormira	il dormirait
nous dormirons	nous dormirions
vous dormirez	vous dormiriez
ils dormiront	ils dormiraient

Imperative dors, dormons, dormez

écrire *to write*

Present participle écrivant
Past participle écrit

Present indicative	*Perfect indicative*
j'écris	j'ai écrit
tu écris	tu as écrit
il écrit	il a écrit
nous écrivons	nous avons écrit
vous écrivez	vous avez écrit
ils écrivent	ils ont écrit

Imperfect indicative	*Pluperfect indicative*
j'écrivais	j'avais écrit
tu écrivais	tu avais écrit
il écrivait	il avait écrit
nous écrivions	nous avions écrit
vous écriviez	vous aviez écrit
ils écrivaient	ils avaient écrit

Past historic	*Present subjunctive*
j'écrivis	que j'écrive
tu écrivis	que tu écrives
il écrivit	qu'il écrive
nous écrivîmes	que nous écrivions
vous écrivîtes	que vous écriviez
ils écrivirent	qu'ils écrivent

Future	*Conditional*
j'écrirai	j'écrirais
tu écriras	tu écrirais
il écrira	il écrirait
nous écrirons	nous écririons
vous écrirez	vous écririez
ils écriront	ils écriraient

Imperative écris, écrivons, écrivez

élire *to elect*

Present participle élisant
Past participle élu

Present indicative	*Perfect indicative*
j'élis	j'ai élu
tu élis	tu as élu
il élit	il a élu
nous élisons	nous avons élu
vous élisez	vous avez élu
ils élisent	ils ont élu

Imperfect indicative	*Pluperfect indicative*
j'élisais	j'avais élu
tu élisais	tu avais élu
il élisait	il avait élu
nous élisions	nous avions élu
vous élisiez	vous aviez élu
ils élisaient	ils avaient élu

Past historic	*Present subjunctive*
j'élus	que j'élise
tu élus	que tu élises
il élut	qu'il élise
nous élûmes	que nous élisions
vous élûtes	que vous élisiez
ils élurent	qu'ils élisent

Future	*Conditional*
j'élirai	j'élirais
tu éliras	tu élirais
il élira	il élirait
nous élirons	nous élirions
vous élirez	vous éliriez
ils éliront	ils éliraient

Imperative élis, élisons, élisez

emporter *to take, carry away*

Present participle emportant
Past participle emporté

Present indicative	*Perfect indicative*
j'emporte	j'ai emporté
tu emportes	tu as emporté
il emporte	il a emporté
nous emportons	nous avons emporté
vous emportez	vous avez emporté
ils emportent	ils ont emporté
Imperfect indicative	*Pluperfect indicative*
j'emportais	j'avais emporté
tu emportais	tu avais emporté
il emportait	il avait emporté
nous emportions	nous avions emporté
vous emportiez	vous aviez emporté
ils emportaient	ils avaient emporté
Past historic	*Present subjunctive*
j'emportai	que j'emporte
tu emportas	que tu emportes
il emporta	qu'il emporte
nous emportâmes	que nous emportions
vous emportâtes	que vous emportiez
ils emportèrent	qu'ils emportent
Future	*Conditional*
j'emporterai	j'emporterais
tu emporteras	tu emporterais
il emportera	il emporterait
nous emporterons	nous emporterions
vous emporterez	vous emporteriez
ils emporteront	ils emporteraient

Imperative emporte, emportons, emportez

entendre *to hear*

Present participle entendant
Past participle entendu

Present indicative
j'entends
tu entends
il entend
nous entendons
vous entendez
ils entendent

Perfect indicative
j'ai entendu
tu as entendu
il a entendu
nous avons entendu
vous avez entendu
ils ont entendu

Imperfect indicative
j'entendais
tu entendais
il entendait
nous entendions
vous entendiez
ils entendaient

Pluperfect indicative
j'avais entendu
tu avais entendu
il avait entendu
nous avions entendu
vous aviez entendu
ils avaient entendu

Past historic
j'entendis
tu entendis
il entendit
nous entendîmes
vous entendîtes
ils entendirent

Present subjunctive
que j'entende
que tu entendes
qu'il entende
que nous entendions
que vous entendiez
qu'ils entendent

Future
j'entendrai
tu entendras
il entendra
nous entendrons
vous entendrez
ils entendront

Conditional
j'entendrais
tu entendrais
il entendrait
nous entendrions
vous entendriez
ils entendraient

Imperative entends, entendons, entendez

entreprendre *to undertake*

Present participle entreprenant
Past participle entrepris

Present indicative	*Perfect indicative*
j'entreprends	j'ai entrepris
tu entreprends	tu as entrepris
il entreprend	il a entrepris
nous entreprenons	nous avons entrepris
vous entreprenez	vous avez entrepris
ils entreprennent	ils ont entrepris

Imperfect indicative	*Pluperfect indicative*
j'entreprenais	j'avais entrepris
tu entreprenais	tu avais entrepris
il entreprenait	il avait entrepris
nous entreprenions	nous avions entrepris
vous entrepreniez	vous aviez entrepris
ils entreprenaient	ils avaient entrepris

Past historic	*Present subjunctive*
j'entrepris	que j'entreprenne
tu entrepris	que tu entreprennes
il entreprit	qu'il entreprenne
nous entreprîmes	que nous entreprenions
vous entreprîtes	que vous entrepreniez
ils entreprirent	qu'ils entreprennent

Future	*Conditional*
j'entreprendrai	j'entreprendrais
tu entreprendras	tu entreprendrais
il entreprendra	il entreprendrait
nous entreprendrons	nous entreprendrions
vous entreprendrez	vous entreprendriez
ils entreprendront	ils entreprendraient

Imperative entreprends, entreprenons, entreprenez

entrer *to go, come in*
Present participle entrant
Past participle entré

Present indicative	*Perfect indicative*
j'entre	je suis entré
tu entres	tu es entré
il entre	il est entré
nous entrons	nous sommes entrés
vous entrez	vous êtes entrés
ils entrent	ils sont entrés

Imperfect indicative	*Pluperfect indicative*
j'entrais	j'étais entré
tu entrais	tu étais entré
il entrait	il était entré
nous entrions	nous étions entrés
vous entriez	vous étiez entrés
ils entraient	ils étaient entrés

Past historic	*Present subjunctive*
j'entrai	que j'entre
tu entras	que tu entres
il entra	qu'il entre
nous entrâmes	que nous entrions
vous entrâtes	que vous entriez
ils entrèrent	qu'ils entrent

Future	*Conditional*
j'entrerai	j'entrerais
tu entreras	tu entrerais
il entrera	il entrerait
nous entrerons	nous entrerions
vous entrerez	vous entreriez
ils entreront	ils entreraient

Imperative entre, entrons, entrez

envoyer *to send*
Present participle envoyant
Past participle envoyé

Present indicative	*Perfect indicative*
j'envoie	j'ai envoyé
tu envoies	tu as envoyé
il envoie	il a envoyé
nous envoyons	nous avons envoyé
vous envoyez	vous avez envoyé
ils envoient	ils ont envoyé
Imperfect indicative	*Pluperfect indicative*
j'envoyais	j'avais envoyé
tu envoyais	tu avais envoyé
il envoyait	il avait envoyé
nous envoyions	nous avions envoyé
vous envoyiez	vous aviez envoyé
ils envoyaient	ils avaient envoyé
Past historic	*Present subjunctive*
j'envoyai	que j'envoie
tu envoyas	que tu envoies
il envoya	qu'il envoie
nous envoyâmes	que nous envoyions
vous envoyâtes	que vous envoyiez
ils envoyèrent	qu'ils envoient
Future	*Conditional*
j'enverrai	je enverrais
tu enverras	tu enverrais
il enverra	il enverrait
nous enverrons	nous enverrions
vous enverrez	vous enverriez
ils enverront	ils enverraient

Imperative envoie, envoyons, envoyez

essuyer *to wipe*

Present participle essuyant
Past participle essuyé

Present indicative	*Perfect indicative*
j'essuie	j'ai essuyé
tu essuies	tu as essuyé
il essuie	il a essuyé
nous essuyons	nous avons essuyé
vous essuyez	vous avez essuyé
ils essuient	ils ont essuyé

Imperfect indicative	*Pluperfect indicative*
j'essuyais	j'avais essuyé
tu essuyais	tu avais essuyé
il essuyait	il avait essuyé
nous essuyions	nous avions essuyé
vous essuyiez	vous aviez essuyé
ils essuyaient	ils avaient essuyé

Past historic	*Present subjunctive*
j'essuyai	que j'essuie
tu essuyas	que tu essuies
il essuya	qu'il essuie
nous essuyâmes	que nous essuyions
vous essuyâtes	que vous essuyiez
ils essuyèrent	qu'ils essuient

Future	*Conditional*
j'essuierai	j'essuierais
tu essuieras	tu essuierais
il essuiera	il essuierait
nous essuierons	nous essuierions
vous essuierez	vous essuieriez
ils essuieront	ils essuieraient

Imperative essuie, essuyons, essuyez

éteindre *to put out, switch off*

Present participle éteignant
Past participle éteint

Present indicative	*Perfect indicative*
j'éteins	j'ai éteint
tu éteins	tu as éteint
il éteint	il a éteint
nous éteignons	nous avons éteint
vous éteignez	vous avez éteint
ils éteignent	ils ont éteint
Imperfect indicative	*Pluperfect indicative*
j'éteignais	j'avais éteint
tu éteignais	tu avais éteint
il éteignait	il avait éteint
nous éteignions	nous avions éteint
vous éteigniez	vous aviez éteint
ils éteignaient	ils avaient éteint
Past historic	*Present subjunctive*
j'éteignis	que j'éteigne
tu éteignis	que tu éteignes
il éteignit	qu'il éteigne
nous éteignîmes	que nous éteignions
vous éteignîtes	que vous éteigniez
ils éteignirent	qu'ils éteignent
Future	*Conditional*
j'éteindrai	j'éteindrais
tu éteindras	tu éteindrais
il éteindra	il éteindrait
nous éteindrons	nous éteindrions
vous éteindrez	vous éteindriez
ils éteindront	ils éteindraient

Imperative éteins, éteignons, éteignez

être *to be*

Present participle étant
Past participle été

Present indicative	*Perfect indicative*
je suis	j'ai été
tu es	tu as été
il est	il a été
nous sommes	nous avons été
vous êtes	vous avez été
ils sont	ils ont été
Imperfect indicative	*Pluperfect indicative*
j'étais	j'avais été
tu étais	tu avais été
il était	il avait été
nous étions	nous avions été
vous étiez	vous aviez été
ils étaient	ils avaient été
Past historic	*Present subjunctive*
je fus	que je sois
tu fus	que tu sois
il fut	qu'il soit
nous fûmes	que nous soyons
vous fûtes	que vous soyez
ils furent	qu'ils soient
Future	*Conditional*
je serai	je serais
tu seras	tu serais
il sera	il serait
nous serons	nous serions
vous serez	vous seriez
ils seront	ils seraient

Imperative sois, soyons, soyez

exclure *to exclude*

Present participle excluant
Past participle exclu

Present indicative	*Perfect indicative*
j'exclus	j'ai exclu
tu exclus	tu as exclu
il exclut	il a exclu
nous excluons	nous avons exclu
vous excluez	vous avez exclu
ils excluent	ils ont exclu
Imperfect indicative	*Pluperfect indicative*
j'excluais	j'avais exclu
tu excluais	tu avais exclu
il excluait	il avait exclu
nous excluions	nous avions exclu
vous excluiez	vous aviez exclu
ils excluaient	ils avaient exclu
Past historic	*Present subjunctive*
j'exclus	que j'exclue
tu exclus	que tu exclues
il exclut	qu'il exclue
nous exclûmes	que nous excluions
vous exclûtes	que vous excluiez
ils exclurent	qu'ils excluent
Future	*Conditional*
j'exclurai	j'exclurais
tu excluras	tu exclurais
il exclura	il exclurait
nous exclurons	nous exclurions
vous exclurez	vous excluriez
ils excluront	ils excluraient

Imperative exclus, excluons, excluez

expliquer *to explain*

Present participle expliquant
Past participle expliqué

Present indicative	*Perfect indicative*
j'explique	j'ai expliqué
tu expliques	tu as expliqué
il explique	il a expliqué
nous expliquons	nous avons expliqué
vous expliquez	vous avez expliqué
ils expliquent	ils ont expliqué
Imperfect indicative	*Pluperfect indicative*
j'expliquais	j'avais expliqué
tu expliquais	tu avais expliqué
il expliquait	il avait expliqué
nous expliquions	nous avions expliqué
vous expliquiez	vous aviez expliqué
ils expliquaient	ils avaient expliqué
Past historic	*Present subjunctive*
j'expliquai	que j'explique
tu expliquas	que tu expliques
il expliqua	qu'il explique
nous expliquâmes	que nous expliquions
vous expliquâtes	que vous expliquiez
ils expliquèrent	qu'ils expliquent
Future	*Conditional*
j'expliquerai	j'expliquerais
tu expliqueras	tu expliquerais
il expliquera	il expliquerait
nous expliquerons	nous expliquerions
vous expliquerez	vous expliqueriez
ils expliqueront	ils expliqueraient

Imperative explique, expliquons, expliquez

extraire *to extract, pull out*

Present participle extrayant
Past participle extrait

Present indicative	*Perfect indicative*
j'extrais	j'ai extrait
tu extrais	tu as extrait
il extrait	il a extrait
nous extrayons	nous avons extrait
vous extrayez	vous avez extrait
ils extraient	ils ont extrait

Imperfect indicative	*Pluperfect indicative*
j'extrayais	j'avais extrait
tu extrayais	tu avais extrait
il extrayait	il avait extrait
nous extrayions	nous avions extrait
vous extrayiez	vous aviez extrait
ils extrayaient	ils avaient extrait

Past historic	*Present subjunctive*
–	que j'extraie
–	que tu extraies
–	qu'il extraie
–	que nous extrayions
–	que vous extrayiez
–	qu'ils extraient

Future	*Conditional*
j'extrairai	j'extrairais
tu extrairas	tu extrairais
il extraira	il extrairait
nous extrairons	nous extrairions
vous extrairez	vous extrairiez
ils extrairont	ils extrairaient

Imperative extrais, extrayons, extrayez

faire *to do, make*

Present participle faisant
Past participle fait

Present indicative	*Perfect indicative*
je fais	j'ai fait
tu fais	tu as fait
il fait	il a fait
nous faisons	nous avons fait
vous faites	vous avez fait
ils font	ils ont fait

Imperfect indicative	*Pluperfect indicative*
je faisais	j'avais fait
tu faisais	tu avais fait
il faisait	il avait fait
nous faisions	nous avions fait
vous faisiez	vous aviez fait
ils faisaient	ils avaient fait

Past historic	*Present subjunctive*
je fis	que je fasse
tu fis	que tu fasses
il fit	qu'il fasse
nous fîmes	que nous fassions
vous fîtes	que vous fassiez
ils firent	qu'ils fassent

Future	*Conditional*
je ferai	je ferais
tu feras	tu ferais
il fera	il ferait
nous ferons	nous ferions
vous ferez	vous feriez
ils feront	ils feraient

Imperative fais, faisons, faites

finir *to finish, end*

Present participle finissant
Past participle fini

Present indicative	*Perfect indicative*
je finis	j'ai fini
tu finis	tu as fini
il finit	il a fini
nous finissons	nous avons fini
vous finissez	vous avez fini
ils finissent	ils ont fini

Imperfect indicative	*Pluperfect indicative*
je finissais	j'avais fini
tu finissais	tu avais fini
il finissait	il avait fini
nous finissions	nous avions fini
vous finissiez	vous aviez fini
ils finissaient	ils avaient fini

Past historic	*Present subjunctive*
je finis	que je finisse
tu finis	que tu finisses
il finit	qu'il finisse
nous finîmes	que nous finissions
vous finîtes	que vous finissiez
ils finirent	qu'ils finissent

Future	*Conditional*
je finirai	je finirais
tu finiras	tu finirais
il finira	il finirait
nous finirons	nous finirions
vous finirez	vous finiriez
ils finiront	ils finiraient

Imperative finis, finissons, finissez

fournir *to supply, provide*

Present participle fournissant
Past participle fourni

Present indicative	*Perfect indicative*
je fournis	j'ai fourni
tu fournis	tu as fourni
il fournit	il a fourni
nous fournissons	nous avons fourni
vous fournissez	vous avez fourni
ils fournissent	ils ont fourni

Imperfect indicative	*Pluperfect indicative*
je fournissais	j'avais fourni
tu fournissais	tu avais fourni
il fournissait	il avait fourni
nous fournissions	nous avions fourni
vous fournissiez	vous aviez fourni
ils fournissaient	ils avaient fourni

Past historic	*Present subjunctive*
je fournis	que je fournisse
tu fournis	que tu fournisses
il fournit	qu'il fournisse
nous fournîmes	que nous fournissions
vous fournîtes	que vous fournissiez
ils fournirent	qu'ils fournissent

Future	*Conditional*
je fournirai	je fournirais
tu fourniras	tu fournirais
il fournira	il fournirait
nous fournirons	nous fournirions
vous fournirez	vous fourniriez
ils fourniront	ils fourniraient

Imperative fournis, fournissons, fournissez

garder *to keep*

Present participle gardant
Past participle gardé

Present indicative	*Perfect indicative*
je garde	j'ai gardé
tu gardes	tu as gardé
il garde	il a gardé
nous gardons	nous avons gardé
vous gardez	vous avez gardé
ils gardent	ils ont gardé
Imperfect indicative	*Pluperfect indicative*
je gardais	j'avais gardé
tu gardais	tu avais gardé
il gardait	il avait gardé
nous gardions	nous avions gardé
vous gardiez	vous aviez gardé
ils gardaient	ils avaient gardé
Past historic	*Present subjunctive*
je gardai	que je garde
tu gardas	que tu gardes
il garda	qu'il garde
nous gardâmes	que nous gardions
vous gardâtes	que vous gardiez
ils gardèrent	qu'ils gardent
Future	*Conditional*
je garderai	je garderais
tu garderas	tu garderais
il gardera	il garderait
nous garderons	nous garderions
vous garderez	vous garderiez
ils garderont	ils garderaient

Imperative garde, gardons, gardez

haïr *to hate*

Present participle haïssant
Past participle haï

Present indicative	*Perfect indicative*
je hais	j'ai haï
tu hais	tu as haï
il hait	il a haï
nous haïssons	nous avons haï
vous haïssez	vous avez haï
ils haïssent	ils ont haï
Imperfect indicative	*Pluperfect indicative*
je haïssais	j'avais haï
tu haïssais	tu avais haï
il haïssait	il avait haï
nous haïssions	nous avions haï
vous haïssiez	vous aviez haï
ils haïssaient	ils avaient haï
Past historic	*Present subjunctive*
je haïs	que je haïsse
tu haïs	que tu haïsses
il haït	qu'il haïsse
nous haïmes	que nous haïssions
vous haïtes	que vous haïssiez
ils haïrent	qu'ils haïssent
Future	*Conditional*
je haïrai	je haïrais
tu haïras	tu haïrais
il haïra	il haïrait
nous haïrons	nous haïrions
vous haïrez	vous haïriez
ils haïront	ils haïraient

Imperative hais, haïssons, haïssez

inclure *to include*

Present participle incluant
Past participle inclu

Present indicative	*Perfect indicative*
j'inclus	j'ai inclu
tu inclus	tu as inclu
il inclut	il a inclu
nous incluons	nous avons inclu
vous incluez	vous avez inclu
ils incluent	ils ont inclu
Imperfect indicative	*Pluperfect indicative*
j'incluais	j'avais inclu
tu incluais	tu avais inclu
il incluait	il avait inclu
nous incluions	nous avions inclu
vous incluiez	vous aviez inclu
ils incluaient	ils avaient inclu
Past historic	*Present subjunctive*
j'inclus	que j'inclue
tu inclus	que tu inclues
il inclut	qu'il inclue
nous inclûmes	que nous incluions
vous inclûtes	que vous incluiez
ils inclurent	qu'ils incluent
Future	*Conditional*
j'inclurai	j'inclurais
tu incluras	tu inclurais
il inclura	il inclurait
nous inclurons	nous inclurions
vous inclurez	vous incluriez
ils incluront	ils incluraient

Imperative inclus, incluons, incluez

inscrire *to write down, register*

Present participle inscrivant
Past participle inscrit

Present indicative
j'inscris
tu inscris
il inscrit
nous inscrivons
vous inscrivez
ils inscrivent

Perfect indicative
j'ai inscrit
tu as inscrit
il a inscrit
nous avons inscrit
vous avez inscrit
ils ont inscrit

Imperfect indicative
j'inscrivais
tu inscrivais
il inscrivait
nous inscrivions
vous inscriviez
ils inscrivaient

Pluperfect indicative
j'avais inscrit
tu avais inscrit
il avait inscrit
nous avions inscrit
vous aviez inscrit
ils avaient inscrit

Past historic
j'inscrivis
tu inscrivis
il inscrivit
nous inscrivîmes
vous inscrivîtes
ils inscrivirent

Present subjunctive
que j'inscrive
que tu inscrives
qu'il inscrive
que nous inscrivions
que vous inscriviez
qu'ils inscrivent

Future
j'inscrirai
tu inscriras
il inscrira
nous inscrirons
vous inscrirez
ils inscriront

Conditional
j'inscrirais
tu inscrirais
il inscrirait
nous inscririons
vous inscririez
ils inscriraient

Imperative inscris, inscrivons, inscrivez

93

instruire *to educate, instruct*

Present participle instruisant
Past participle instruit

Present indicative	*Perfect indicative*
j'instruis	j'ai instruit
tu instruis	tu as instruit
il instruit	il a instruit
nous instruisons	nous avons instruit
vous instruisez	vous avez instruit
ils instruisent	ils ont instruit

Imperfect indicative	*Pluperfect indicative*
j'instruisais	j'avais instruit
tu instruisais	tu avais instruit
il instruisait	il avait instruit
nous instruisions	nous avions instruit
vous instruisiez	vous aviez instruit
ils instruisaient	ils avaient instruit

Past historic	*Present subjunctive*
j'instruisis	que j'instruise
tu instruisis	que tu instruises
il instruisit	qu'il instruise
nous instruisîmes	que nous instruisions
vous instruisîtes	que vous instruisiez
ils instruisirent	qu'ils instruisent

Future	*Conditional*
j'instruirai	j'instruirais
tu instruiras	tu instruirais
il instruira	il instruirait
nous instruirons	nous instruirions
vous instruirez	vous instruiriez
ils instruiront	ils instruiraient

Imperative instruis, instruisons, instruisez

interdire *to forbid*

Present participle interdisant
Past participle interdit

Present indicative	*Perfect indicative*
j'interdis	j'ai interdit
tu interdis	tu as interdit
il interdit	il a interdit
nous interdisons	nous avons interdit
vous interdisez	vous avez interdit
ils interdisent	ils ont interdit
Imperfect indicative	*Pluperfect indicative*
j'interdisais	j'avais interdit
tu interdisais	tu avais interdit
il interdisait	il avait interdit
nous interdisions	nous avions interdit
vous interdisiez	vous aviez interdit
ils interdisaient	ils avaient interdit
Past historic	*Present subjunctive*
j'interdis	que j'interdise
tu interdis	que tu interdises
il interdit	qu'il interdise
nous interdîmes	que nous interdisions
vous interdîtes	que vous interdisiez
ils interdirent	qu'ils interdisent
Future	*Conditional*
j'interdirai	j'interdirais
tu interdiras	tu interdirais
il interdira	il interdirait
nous interdirons	nous interdirions
vous interdirez	vous interdiriez
ils interdiront	ils interdiraient

Imperative interdis, interdisons, interdisez

intervenir *to intervene*

Present participle intervenant
Past participle intervenu

Present indicative	*Perfect indicative*
j'interviens	je suis intervenu
tu interviens	tu es intervenu
il intervient	il est intervenu
nous intervenons	nous sommes intervenus
vous intervenez	vous êtes intervenus
ils interviennent	ils sont intervenus

Imperfect indicative	*Pluperfect indicative*
j'intervenais	j'étais intervenu
tu intervenais	tu étais intervenu
il intervenait	il était intervenu
nous intervenions	nous étions intervenus
vous interveniez	vous étiez intervenus
ils intervenaient	ils étaient intervenus

Past historic	*Present subjunctive*
j'intervins	que j'intervienne
tu intervins	que tu interviennes
il intervint	qu'il intervienne
nous intervînmes	que nous intervenions
vous intervîntes	que vous interveniez
ils intervinrent	qu'ils interviennent

Future	*Conditional*
j'interviendrai	j'interviendrais
tu interviendras	tu interviendrais
il interviendra	il interviendrait
nous interviendrons	nous interviendrions
vous interviendrez	vous interviendriez
ils interviendront	ils interviendraient

Imperative interviens, intervenons, intervenez

introduire *to introduce*

Present participle introduisant
Past participle introduit

Present indicative	*Perfect indicative*
j'introduis	j'ai introduit
tu introduis	tu as introduit
il introduit	il a introduit
nous introduisons	nous avons introduit
vous introduisez	vous avez introduit
ils introduisent	ils ont introduit
Imperfect indicative	*Pluperfect indicative*
j'introduisais	j'avais introduit
tu introduisais	tu avais introduit
il introduisait	il avait introduit
nous introduisions	nous avions introduit
vous introduisiez	vous aviez introduit
ils introduisaient	ils avaient introduit
Past historic	*Present subjunctive*
j'introduisis	que j'introduise
tu introduisis	que tu introduises
il introduisit	qu'il introduise
nous introduisîmes	que nous introduisions
vous introduisîtes	que vous introduisiez
ils introduisirent	qu'ils introduisent
Future	*Conditional*
j'introduirai	j'introduirais
tu introduiras	tu introduirais
il introduira	il introduirait
nous introduirons	nous introduirions
vous introduirez	vous introduiriez
ils introduiront	ils introduiraient

Imperative introduis, introduisons, introduisez

jeter *to throw*

Present participle jetant
Past participle jeté

Present indicative
je jette
tu jettes
il jette
nous jetons
vous jetez
ils jettent

Perfect indicative
j'ai jeté
tu as jeté
il a jeté
nous avons jeté
vous avez jeté
ils ont jeté

Imperfect indicative
je jetais
tu jetais
il jetait
nous jetions
vous jetiez
ils jetaient

Pluperfect indicative
j'avais jeté
tu avais jeté
il avait jeté
nous avions jeté
vous aviez jeté
ils avaient jeté

Past historic
je jetai
tu jetas
il jeta
nous jetâmes
vous jetâtes
ils jetèrent

Present subjunctive
que je jette
que tu jettes
qu'il jette
que nous jetions
que vous jetiez
qu'ils jettent

Future
je jetterai
tu jetteras
il jettera
nous jetterons
vous jetterez
ils jetteront

Conditional
je jetterais
tu jetterais
il jetterait
nous jetterions
vous jetteriez
ils jetteraient

Imperative jette, jetons, jetez

joindre *to join, attach*

Present participle joignant
Past participle joint

Present indicative	*Perfect indicative*
je joins	j'ai joint
tu joins	tu as joint
il joint	il a joint
nous joignons	nous avons joint
vous joignez	vous avez joint
ils joignent	ils ont joint
Imperfect indicative	*Pluperfect indicative*
je joignais	j'avais joint
tu joignais	tu avais joint
il joignait	il avait joint
nous joignions	nous avions joint
vous joigniez	vous aviez joint
ils joignaient	ils avaient joint
Past historic	*Present subjunctive*
je joignis	que je joigne
tu joignis	que tu joignes
il joignit	qu'il joigne
nous joignîmes	que nous joignions
vous joignîtes	que vous joigniez
ils joignirent	qu'ils joignent
Future	*Conditional*
je joindrai	je joindrais
tu joindras	tu joindrais
il joindra	il joindrait
nous joindrons	nous joindrions
vous joindrez	vous joindriez
ils joindront	ils joindraient

Imperative joins, joignons, joignez

jouer *to play*

Present participle jouant
Past participle joué

Present indicative	*Perfect indicative*
je joue	j'ai joué
tu joues	tu as joué
il joue	il a joué
nous jouons	nous avons joué
vous jouez	vous avez joué
ils jouent	ils ont joué

Imperfect indicative	*Pluperfect indicative*
je jouais	j'avais joué
tu jouais	tu avais joué
il jouait	il avait joué
nous jouions	nous avions joué
vous jouiez	vous aviez joué
ils jouaient	ils avaient joué

Past historic	*Present subjunctive*
je jouai	que je joue
tu jouas	que tu joues
il joua	qu'il joue
nous jouâmes	que nous jouions
vous jouâtes	que vous jouiez
ils jouèrent	qu'ils jouent

Future	*Conditional*
je jouerai	je jouerais
tu joueras	tu jouerais
il jouera	il jouerait
nous jouerons	nous jouerions
vous jouerez	vous joueriez
ils joueront	ils joueraient

Imperative joue, jouons, jouez

laver *to wash*

Present participle lavant
Past participle lavé

Present indicative	*Perfect indicative*
je lave	j'ai lavé
tu laves	tu as lavé
il lave	il a lavé
nous lavons	nous avons lavé
vous lavez	vous avez lavé
ils lavent	ils ont lavé

Imperfect indicative	*Pluperfect indicative*
je lavais	j'avais lavé
tu lavais	tu avais lavé
il lavait	il avait lavé
nous lavions	nous avions lavé
vous laviez	vous aviez lavé
ils lavaient	ils avaient lavé

Past historic	*Present subjunctive*
je lavai	que je lave
tu lavas	que tu laves
il lava	qu'il lave
nous lavâmes	que nous lavions
vous lavâtes	que vous laviez
ils lavèrent	qu'ils lavent

Future	*Conditional*
je laverai	je laverais
tu laveras	tu laverais
il lavera	il laverait
nous laverons	nous laverions
vous laverez	vous laveriez
ils laveront	ils laveraient

Imperative lave, lavons, lavez

lever *to lift, raise*

Present participle levant
Past participle levé

Present indicative
je lève
tu lèves
il lève
nous levons
vous levez
ils lèvent

Imperfect indicative
je levais
tu levais
il levait
nous levions
vous leviez
ils levaient

Past historic
je levai
tu levas
il leva
nous levâmes
vous levâtes
ils levèrent

Future
je lèverai
tu lèveras
il lèvera
nous lèverons
vous lèverez
ils lèveront

Perfect indicative
j'ai levé
tu as levé
il a levé
nous avons levé
vous avez levé
ils ont levé

Pluperfect indicative
j'avais levé
tu avais levé
il avait levé
nous avions levé
vous aviez levé
ils avaient levé

Present subjunctive
que je lève
que tu lèves
qu'il lève
que nous levions
que vous leviez
qu'ils lèvent

Conditional
je lèverais
tu lèverais
il lèverait
nous lèverions
vous lèveriez
ils lèveraient

Imperative lève, levons, levez

se lever *to get up, stand up*
Present participle se levant
Past participle levé

Present indicative	*Perfect indicative*
je me lève	je me suis levé
tu te lèves	tu t'es levé
il se lève	il s'est levé
nous nous levons	nous nous sommes levés
vous vous levez	vous vous êtes levés
ils se lèvent	ils se sont levés

Imperfect indicative	*Pluperfect indicative*
je me levais	je m'étais levé
tu te levais	tu t'étais levé
il se levait	il s'était levé
nous nous levions	nous nous étions levés
vous vous leviez	vous vous étiez levés
ils se levaient	ils s'étaient levés

Past historic	*Present subjunctive*
je me levai	que je me lève
tu te levas	que tu te lèves
il se leva	qu'il se lève
nous nous levâmes	que nous nous levions
vous vous levâtes	que vous vous leviez
ils se levèrent	qu'ils se lèvent

Future	*Conditional*
je me lèverai	je me lèverais
tu te lèveras	tu te lèverais
il se lèvera	il se lèverait
nous nous lèverons	nous nous lèverions
vous vous lèverez	vous vous lèveriez
ils se lèveront	ils se lèveraient

Imperative lève-toi, levons-nous, levez-vous

lire to read
Present participle lisant
Past participle lu

Present indicative
je lis
tu lis
il lit
nous lisons
vous lisez
ils lisent

Imperfect indicative
je lisais
tu lisais
il lisait
nous lisions
vous lisiez
ils lisaient

Past historic
je lus
tu lus
il lut
nous lûmes
vous lûtes
ils lurent

Future
je lirai
tu liras
il lira
nous lirons
vous lirez
ils liront

Perfect indicative
j'ai lu
tu as lu
il a lu
nous avons lu
vous avez lu
ils ont lu

Pluperfect indicative
j'avais lu
tu avais lu
il avait lu
nous avions lu
vous aviez lu
ils avaient lu

Present subjunctive
que je lise
que tu lises
qu'il lise
que nous lisions
que vous lisiez
qu'ils lisent

Conditional
je lirais
tu lirais
il lirait
nous lirions
vous liriez
ils liraient

Imperative lis, lisons, lisez

manger *to eat*

Present participle mangeant
Past participle mangé

Present indicative	*Perfect indicative*
je mange	j'ai mangé
tu manges	tu as mangé
il mange	il a mangé
nous mangeons	nous avons mangé
vous mangez	vous avez mangé
ils mangent	ils ont mangé

Imperfect indicative	*Pluperfect indicative*
je mangeais	j'avais mangé
tu mangeais	tu avais mangé
il mangeait	il avait mangé
nous mangions	nous avions mangé
vous mangiez	vous aviez mangé
ils mangeaient	ils avaient mangé

Past historic	*Present subjunctive*
je mangeai	que je mange
tu mangeas	que tu manges
il mangea	qu'il mange
nous mangeâmes	que nous mangions
vous mangeâtes	que vous mangiez
ils mangèrent	qu'ils mangent

Future	*Conditional*
je mangerai	je mangerais
tu mangeras	tu mangerais
il mangera	il mangerait
nous mangerons	nous mangerions
vous mangerez	vous mangeriez
ils mangeront	ils mangeraient

Imperative mange, mangeons, mangez

marcher *to walk*

Present participle marchant
Past participle marché

Present indicative	*Perfect indicative*
je marche	j'ai marché
tu marches	tu as marché
il marche	il a marché
nous marchons	nous avons marché
vous marchez	vous avez marché
ils marchent	ils ont marché

Imperfect indicative	*Pluperfect indicative*
je marchais	j'avais marché
tu marchais	tu avais marché
il marchait	il avait marché
nous marchions	nous avions marché
vous marchiez	vous aviez marché
ils marchaient	ils avaient marché

Past historic	*Present subjunctive*
je marchai	que je marche
tu marchas	que tu marches
il marcha	qu'il marche
nous marchâmes	que nous marchions
vous marchâtes	que vous marchiez
ils marchèrent	qu'ils marchent

Future	*Conditional*
je marcherai	je marcherais
tu marcheras	tu marcherais
il marchera	il marcherait
nous marcherons	nous marcherions
vous marcherez	vous marcheriez
ils marcheront	ils marcheraient

Imperative marche, marchons, marchez

maudire *to curse*

Present participle maudissant
Past participle maudit

Present indicative	*Perfect indicative*
je maudis	j'ai maudit
tu maudis	tu as maudit
il maudit	il a maudit
nous maudissons	nous avons maudit
vous maudissez	vous avez maudit
ils maudissent	ils ont maudit

Imperfect indicative	*Pluperfect indicative*
je maudissais	j'avais maudit
tu maudissais	tu avais maudit
il maudissait	il avait maudit
nous maudissions	nous avions maudit
vous maudissiez	vous aviez maudit
ils maudissaient	ils avaient maudit

Past historic	*Present subjunctive*
je maudis	que je maudisse
tu maudis	que tu maudisses
il maudit	qu'il maudisse
nous maudîmes	que nous maudissions
vous maudîtes	que vous maudissiez
ils maudirent	qu'ils maudissent

Future	*Conditional*
je maudirai	je maudirais
tu maudiras	tu maudirais
il maudira	il maudirait
nous maudirons	nous maudirions
vous maudirez	vous maudiriez
ils maudiront	ils maudiraient

Imperative maudis, maudissons, maudissez

mentir *to (tell a) lie*
Present participle mentant
Past participle menti

Present indicative	*Perfect indicative*
je mens	j'ai menti
tu mens	tu as menti
il ment	il a menti
nous mentons	nous avons menti
vous mentez	vous avez menti
ils mentent	ils ont menti
Imperfect indicative	*Pluperfect indicative*
je mentais	j'avais menti
tu mentais	tu avais menti
il mentait	il avait menti
nous mentions	nous avions menti
vous mentiez	vous aviez menti
ils mentaient	ils avaient menti
Past historic	*Present subjunctive*
je mentis	que je mente
tu mentis	que tu mentes
il mentit	qu'il mente
nous mentîmes	que nous mentions
vous mentîtes	que vous mentiez
ils mentirent	qu'ils mentent
Future	*Conditional*
je mentirai	je mentirais
tu mentiras	tu mentirais
il mentira	il mentirait
nous mentirons	nous mentirions
vous mentirez	vous mentiriez
ils mentiront	ils mentiraient

Imperative mens, mentons, mentez

mettre *to put*
Present participle mettant
Past participle mis

Present indicative	*Perfect indicative*
je mets	j'ai mis
tu mets	tu as mis
il met	il a mis
nous mettons	nous avons mis
vous mettez	vous avez mis
ils mettent	ils ont mis

Imperfect indicative	*Pluperfect indicative*
je mettais	j'avais mis
tu mettais	tu avais mis
il mettait	il avait mis
nous mettions	nous avions mis
vous mettiez	vous aviez mis
ils mettaient	ils avaient mis

Past historic	*Present subjunctive*
je mis	que je mette
tu mis	que tu mettes
il mit	qu'il mette
nous mîmes	que nous mettions
vous mîtes	que vous mettiez
ils mirent	qu'ils mettent

Future	*Conditional*
je mettrai	je mettrais
tu mettras	tu mettrais
il mettra	il mettrait
nous mettrons	nous mettrions
vous mettrez	vous mettriez
ils mettront	ils mettraient

Imperative mets, mettons, mettez

mordre *to bite*

Present participle mordant
Past participle mordu

Present indicative	*Perfect indicative*
je mords	j'ai mordu
tu mords	tu as mordu
il mord	il a mordu
nous mordons	nous avons mordu
vous mordez	vous avez mordu
ils mordent	ils ont mordu

Imperfect indicative	*Pluperfect indicative*
je mordais	j'avais mordu
tu mordais	tu avais mordu
il mordait	il avait mordu
nous mordions	nous avions mordu
vous mordiez	vous aviez mordu
ils mordaient	ils avaient mordu

Past historic	*Present subjunctive*
je mordis	que je morde
tu mordis	que tu mordes
il mordit	qu'il morde
nous mordîmes	que nous mordions
vous mordîtes	que vous mordiez
ils mordirent	qu'ils mordent

Future	*Conditional*
je mordrai	je mordrais
tu mordras	tu mordrais
il mordra	il mordrait
nous mordrons	nous mordrions
vous mordrez	vous mordriez
ils mordront	ils mordraient

Imperative mords, mordons, mordez

110

moudre *to grind*

Present participle moulant
Past participle moulu

Present indicative	*Perfect indicative*
je mouds	j'ai moulu
tu mouds	tu as moulu
il moud	il a moulu
nous moulons	nous avons moulu
vous moulez	vous avez moulu
ils moulent	ils ont moulu
Imperfect indicative	*Pluperfect indicative*
je moulais	j'avais moulu
tu moulais	tu avais moulu
il moulait	il avait moulu
nous moulions	nous avions moulu
vous mouliez	vous aviez moulu
ils moulaient	ils avaient moulu
Past historic	*Present subjunctive*
je moulus	que je moule
tu moulus	que tu moules
il moulut	qu'il moule
nous moulûmes	que nous moulions
vous moulûtes	que vous mouliez
ils moulurent	qu'ils moulent
Future	*Conditional*
je moudrai	je moudrais
tu moudras	tu moudrais
il moudra	il moudrait
nous moudrons	nous moudrions
vous moudrez	vous moudriez
ils moudront	ils moudraient

Imperative mouds, moulons, moulez

mourir *to die*

Present participle mourant
Past participle mort

Present indicative
je meurs
tu meurs
il meurt
nous mourons
vous mourez
ils meurent

Perfect indicative
je suis mort
tu es mort
il est mort
nous sommes morts
vous êtes morts
ils sont morts

Imperfect indicative
je mourais
tu mourais
il mourait
nous mourions
vous mouriez
ils mouraient

Pluperfect indicative
j'étais mort
tu étais mort
il était mort
nous étions morts
vous étiez morts
ils étaient morts

Past historic
je mourus
tu mourus
il mourut
nous mourûmes
vous mourûtes
ils moururent

Present subjunctive
que je meure
que tu meures
qu'il meure
que nous mourions
que vous mouriez
qu'ils meurent

Future
je mourrai
tu mourras
il mourra
nous mourrons
vous mourrez
ils mourront

Conditional
je mourrais
tu mourrais
il mourrait
nous mourrions
vous mourriez
ils mourraient

Imperative meurs, mourons, mourez

naître *to be born*

Present participle naissant
Past participle né

Present indicative	*Perfect indicative*
je nais	je suis né
tu nais	tu es né
il naît	il est né
nous naissons	nous sommes nés
vous naissez	vous êtes nés
ils naissent	ils sont nés
Imperfect indicative	*Pluperfect indicative*
je naissais	j'étais né
tu naissais	tu étais né
il naissait	il était né
nous naissions	nous étions nés
vous naissiez	vous étiez nés
ils naissaient	ils étaient nés
Past historic	*Present subjunctive*
je naquis	que je naisse
tu naquis	que tu naisses
il naquit	qu'il naisse
nous naquîmes	que nous naissions
vous naquîtes	que vous naissiez
ils naquirent	qu'ils naissent
Future	*Conditional*
je naîtrai	je naîtrais
tu naîtras	tu naîtrais
il naîtra	il naîtrait
nous naîtrons	nous naîtrions
vous naîtrez	vous naîtriez
ils naîtront	ils naîtraient

Imperative nais, naissons, naissez

nuire *to harm, damage*
Present participle nuisant
Past participle nui

Present indicative	*Perfect indicative*
je nuis	j'ai nui
tu nuis	tu as nui
il nuit	il a nui
nous nuisons	nous avons nui
vous nuisez	vous avez nui
ils nuisent	ils ont nui
Imperfect indicative	*Pluperfect indicative*
je nuisais	j'avais nui
tu nuisais	tu avais nui
il nuisait	il avait nui
nous nuisions	nous avions nui
vous nuisiez	vous aviez nui
ils nuisaient	ils avaient nui
Past historic	*Present subjunctive*
je nuisis	que je nuise
tu nuisis	que tu nuises
il nuisit	qu'il nuise
nous nuîsimes	que nous nuisions
vous nuîsites	que vous nuisiez
ils nuisirent	qu'ils nuisent
Future	*Conditional*
je nuirai	je nuirais
tu nuiras	tu nuirais
il nuira	il nuirait
nous nuirons	nous nuirions
vous nuirez	vous nuiriez
ils nuiront	ils nuiraient

Imperative nuis, nuisons, nuisez

offrir *to offer*

Present participle offrant
Past participle offert

Present indicative	*Perfect indicative*
j'offre	j'ai offert
tu offres	tu as offert
il offre	il a offert
nous offrons	nous avons offert
vous offrez	vous avez offert
ils offrent	ils ont offert
Imperfect indicative	*Pluperfect indicative*
j'offrais	j'avais offert
tu offrais	tu avais offert
il offrait	il avait offert
nous offrions	nous avions offert
vous offriez	vous aviez offert
ils offraient	ils avaient offert
Past historic	*Present subjunctive*
j'offris	que j'offre
tu offris	que tu offres
il offrit	qu'il offre
nous offrîmes	que nous offrions
vous offrîtes	que vous offriez
ils offrirent	qu'ils offrent
Future	*Conditional*
j'offrirai	j'offrirais
tu offriras	tu offrirais
il offrira	il offrirait
nous offrirons	nous offririons
vous offrirez	vous offririez
ils offriront	ils offriraient

Imperative offre, offrons, offrez

ouvrir *to open*
Present participle ouvrant
Past participle ouvert

Present indicative
j'ouvre
tu ouvres
il ouvre
nous ouvrons
vous ouvrez
ils ouvrent

Perfect indicative
j'ai ouvert
tu as ouvert
il a ouvert
nous avons ouvert
vous avez ouvert
ils ont ouvert

Imperfect indicative
j'ouvrais
tu ouvrais
il ouvrait
nous ouvrions
vous ouvriez
ils ouvraient

Pluperfect indicative
j'avais ouvert
tu avais ouvert
il avait ouvert
nous avions ouvert
vous aviez ouvert
ils avaient ouvert

Past historic
j'ouvris
tu ouvris
il ouvrit
nous ouvrîmes
vous ouvrîtes
ils ouvrirent

Present subjunctive
que j'ouvre
que tu ouvres
qu'il ouvre
que nous ouvrions
que vous ouvriez
qu'ils ouvrent

Future
j'ouvrirai
tu ouvriras
il ouvrira
nous ouvrirons
vous ouvrirez
ils ouvriront

Conditional
j'ouvrirais
tu ouvrirais
il ouvrirait
nous ouvririons
vous ouvririez
ils ouvriraient

Imperative ouvre, ouvrons, ouvrez

paraître *to seem, appear*

Present participle paraissant
Past participle paru

Present indicative
je parais
tu parais
il paraît
nous paraissons
vous paraissez
ils paraissent

Perfect indicative
j'ai paru
tu as paru
il a paru
nous avons paru
vous avez paru
ils ont paru

Imperfect indicative
je paraissais
tu paraissais
il paraissait
nous paraissions
vous paraissiez
ils paraissaient

Pluperfect indicative
j'avais paru
tu avais paru
il avait paru
nous avions paru
vous aviez paru
ils avaient paru

Past historic
je parus
tu parus
il parut
nous parûmes
vous parûtes
ils parurent

Present subjunctive
que je paraisse
que tu paraisses
qu'il paraisse
que nous paraissions
que vous paraissiez
qu'ils paraissent

Future
je paraîtrai
tu paraîtras
il paraîtra
nous paraîtrons
vous paraîtrez
ils paraîtront

Conditional
je paraîtrais
tu paraîtrais
il paraîtrait
nous paraîtrions
vous paraîtriez
ils paraîtraient

Imperative parais, paraissons, paraissez

parler *to speak, talk*
Present participle parlant
Past participle parlé

Present indicative	*Perfect indicative*
je parle	j'ai parlé
tu parles	tu as parlé
il parle	il a parlé
nous parlons	nous avons parlé
vous parlez	vous avez parlé
ils parlent	ils ont parlé
Imperfect indicative	*Pluperfect indicative*
je parlais	j'avais parlé
tu parlais	tu avais parlé
il parlait	il avait parlé
nous parlions	nous avions parlé
vous parliez	vous aviez parlé
ils parlaient	ils avaient parlé
Past historic	*Present subjunctive*
je parlai	que je parle
tu parlas	que tu parles
il parla	qu'il parle
nous parlâmes	que nous parlions
vous parlâtes	que vous parliez
ils parlèrent	qu'ils parlent
Future	*Conditional*
je parlerai	je parlerais
tu parleras	tu parlerais
il parlera	il parlerait
nous parlerons	nous parlerions
vous parlerez	vous parleriez
ils parleront	ils parleraient

Imperative parle, parlons, parlez

partir *to leave*

Present participle partant
Past participle parti

Present indicative	*Perfect indicative*
je pars	je suis parti
tu pars	tu es parti
il part	il est parti
nous partons	nous sommes partis
vous partez	vous êtes partis
ils partent	ils sont partis

Imperfect indicative	*Pluperfect indicative*
je partais	j'étais parti
tu partais	tu étais parti
il partait	il était parti
nous partions	nous étions partis
vous partiez	vous étiez partis
ils partaient	ils étaient partis

Past historic	*Present subjunctive*
je partis	que je parte
tu partis	que tu partes
il partit	qu'il parte
nous partîmes	que nous partions
vous partîtes	que vous partiez
ils partirent	qu'ils partent

Future	*Conditional*
je partirai	je partirais
tu partiras	tu partirais
il partira	il partirait
nous partirons	nous partirions
vous partirez	vous partiriez
ils partiront	ils partiraient

Imperative pars, partons, partez

payer *to pay*
Present participle payant
Past participle payé

Present indicative	*Perfect indicative*
je paie	j'ai payé
tu paies	tu as payé
il paie	il a payé
nous payons	nous avons payé
vous payez	vous avez payé
ils paient	ils ont payé

Imperfect indicative	*Pluperfect indicative*
je payais	j'avais payé
tu payais	tu avais payé
il payait	il avait payé
nous payions	nous avions payé
vous payiez	vous aviez payé
ils payaient	ils avaient payé

Past historic	*Present subjunctive*
je payai	que je paie
tu payas	que tu paies
il paya	qu'il paie
nous payâmes	que nous payions
vous payâtes	que vous payiez
ils payèrent	qu'ils paient

Future	*Conditional*
je paierai	je paierais
tu paieras	tu paierais
il paiera	il paierait
nous paierons	nous paierions
vous paierez	vous paieriez
ils paieront	ils paieraient

Imperative paie, payons, payez

peindre *to paint*
Present participle peignant
Past participle peint

Present indicative	*Perfect indicative*
je peins	j'ai peint
tu peins	tu as peint
il peint	il a peint
nous peignons	nous avons peint
vous peignez	vous avez peint
ils peignent	ils ont peint

Imperfect indicative	*Pluperfect indicative*
je peignais	j'avais peint
tu peignais	tu avais peint
il peignait	il avait peint
nous peignions	nous avions peint
vous peigniez	vous aviez peint
ils peignaient	ils avaient peint

Past historic	*Present subjunctive*
je peignis	que je peigne
tu peignis	que tu peignes
il peignit	qu'il peigne
nous peignîmes	que nous peignions
vous peignîtes	que vous peigniez
ils peignirent	qu'ils peignent

Future	*Conditional*
je peindrai	je peindrais
tu peindras	tu peindrais
il peindra	il peindrait
nous peindrons	nous peindrions
vous peindrez	vous peindriez
ils peindront	ils peindraient

Imperative peins, peignons, peignez

penser *to think*

Present participle pensant
Past participle pensé

Present indicative	*Perfect indicative*
je pense	j'ai pensé
tu penses	tu as pensé
il pense	il a pensé
nous pensons	nous avons pensé
vous pensez	vous avez pensé
ils pensent	ils ont pensé

Imperfect indicative	*Pluperfect indicative*
je pensais	j'avais pensé
tu pensais	tu avais pensé
il pensait	il avait pensé
nous pensions	nous avions pensé
vous pensiez	vous aviez pensé
ils pensaient	ils avaient pensé

Past historic	*Present subjunctive*
je pensai	que je pense
tu pensas	que tu penses
il pensa	qu'il pense
nous pensâmes	que nous pensions
vous pensâtes	que vous pensiez
ils pensèrent	qu'ils pensent

Future	*Conditional*
je penserai	je penserais
tu penseras	tu penserais
il pensera	il penserait
nous penserons	nous penserions
vous penserez	vous penseriez
ils penseront	ils penseraient

Imperative pense, pensons, pensez

perdre *to lose*

Present participle perdant
Past participle perdu

Present indicative
je perds
tu perds
il perd
nous perdons
vous perdez
ils perdent

Perfect indicative
j'ai perdu
tu as perdu
il a perdu
nous avons perdu
vous avez perdu
ils ont perdu

Imperfect indicative
je perdais
tu perdais
il perdait
nous perdions
vous perdiez
ils perdaient

Pluperfect indicative
j'avais perdu
tu avais perdu
il avait perdu
nous avions perdu
vous aviez perdu
ils avaient perdu

Past historic
je perdis
tu perdis
il perdit
nous perdîmes
vous perdîtes
ils perdirent

Present subjunctive
que je perde
que tu perdes
qu'il perde
que nous perdions
que vous perdiez
qu'ils perdent

Future
je perdrai
tu perdras
il perdra
nous perdrons
vous perdrez
ils perdront

Conditional
je perdrais
tu perdrais
il perdrait
nous perdrions
vous perdriez
ils perdraient

Imperative perds, perdons, perdez

permettre *to allow, enable*
Present participle permettant
Past participle permis

Present indicative	*Perfect indicative*
je permets	j'ai permis
tu permets	tu as permis
il permet	il a permis
nous permettons	nous avons permis
vous permettez	vous avez permis
ils permettent	ils ont permis

Imperfect indicative	*Pluperfect indicative*
je permettais	j'avais permis
tu permettais	tu avais permis
il permettait	il avait permis
nous permettions	nous avions permis
vous permettiez	vous aviez permis
ils permettaient	ils avaient permis

Past historic	*Present subjunctive*
je permis	que je permette
tu permis	que tu permettes
il permit	qu'il permette
nous permîmes	que nous permettions
vous permîtes	que vous permettiez
ils permirent	qu'ils permettent

Future	*Conditional*
je permettrai	je permettrais
tu permettras	tu permettrais
il permettra	il permettrait
nous permettrons	nous permettrions
vous permettrez	vous permettriez
ils permettront	ils permettraient

Imperative permets, permettons, permettez

plaindre *to pity*

Present participle plaignant
Past participle plaint

Present indicative	*Perfect indicative*
je plains	j'ai plaint
tu plains	tu as plaint
il plaint	il a plaint
nous plaignons	nous avons plaint
vous plaignez	vous avez plaint
ils plaignent	ils ont plaint
Imperfect indicative	*Pluperfect indicative*
je plaignais	j'avais plaint
tu plaignais	tu avais plaint
il plaignait	il avait plaint
nous plaignions	nous avions plaint
vous plaigniez	vous aviez plaint
ils plaignaient	ils avaient plaint
Past historic	*Present subjunctive*
je plaignis	que je plaigne
tu plaignis	que tu plaignes
il plaignit	qu'il plaigne
nous plaignîmes	que nous plaignions
vous plaignîtes	que vous plaigniez
ils plaignirent	qu'ils plaignent
Future	*Conditional*
je plaindrai	je plaindrais
tu plaindras	tu plaindrais
il plaindra	il plaindrait
nous plaindrons	nous plaindrions
vous plaindrez	vous plaindriez
ils plaindront	ils plaindraient

Imperative plains, plaignons, plaignez

plaire *to please*

Present participle plaisant
Past participle plu

Present indicative	*Perfect indicative*
je plais	j'ai plu
tu plais	tu as plu
il plaît	il a plu
nous plaisons	nous avons plu
vous plaisez	vous avez plu
ils plaisent	ils ont plu

Imperfect indicative	*Pluperfect indicative*
je plaisais	j'avais plu
tu plaisais	tu avais plu
il plaisait	il avait plu
nous plaisions	nous avions plu
vous plaisiez	vous aviez plu
ils plaisaient	ils avaient plu

Past historic	*Present subjunctive*
je plus	que je plaise
tu plus	que tu plaises
il plut	qu'il plaise
nous plûmes	que nous plaisions
vous plûtes	que vous plaisiez
ils plurent	qu'ils plaisent

Future	*Conditional*
je plairai	je plairais
tu plairas	tu plairais
il plaira	il plairait
nous plairons	nous plairions
vous plairez	vous plairiez
ils plairont	ils plairaient

Imperative plais, plaisons, plaisez

porter *to carry*
Present participle portant
Past participle porté

Present indicative
je porte
tu portes
il porte
nous portons
vous portez
ils portent

Perfect indicative
j'ai porté
tu as porté
il a porté
nous avons porté
vous avez porté
ils ont porté

Imperfect indicative
je portais
tu portais
il portait
nous portions
vous portiez
ils portaient

Pluperfect indicative
j'avais porté
tu avais porté
il avait porté
nous avions porté
vous aviez porté
ils avaient porté

Past historic
je portai
tu portas
il porta
nous portâmes
vous portâtes
ils portèrent

Present subjunctive
que je porte
que tu portes
qu'il porte
que nous portions
que vous portiez
qu'ils portent

Future
je porterai
tu porteras
il portera
nous porterons
vous porterez
ils porteront

Conditional
je porterais
tu porterais
il porterait
nous porterions
vous porteriez
ils porteraient

Imperative porte, portons, portez

poursuivre *to continue, pursue*

Present participle poursuivant
Past participle poursuivi

Present indicative	*Perfect indicative*
je poursuis	j'ai poursuivi
tu poursuis	tu as poursuivi
il poursuit	il a poursuivi
nous poursuivons	nous avons poursuivi
vous poursuivez	vous avez poursuivi
ils poursuivent	ils ont poursuivi
Imperfect indicative	*Pluperfect indicative*
je poursuivais	j'avais poursuivi
tu poursuivais	tu avais poursuivi
il poursuivait	il avait poursuivi
nous poursuivions	nous avions poursuivi
vous poursuiviez	vous aviez poursuivi
ils poursuivaient	ils avaient poursuivi
Past historic	*Present subjunctive*
je poursuivis	que je poursuive
tu poursuivis	que tu poursuives
il poursuivit	qu'il poursuive
nous poursuivîmes	que nous poursuivions
vous poursuivîtes	que vous poursuiviez
ils poursuivirent	qu'ils poursuivent
Future	*Conditional*
je poursuivrai	je poursuivrais
tu poursuivras	tu poursuivrais
il poursuivra	il poursuivrait
nous poursuivrons	nous poursuivrions
vous poursuivrez	vous poursuivriez
ils poursuivront	ils poursuivraient

Imperative poursuis, poursuivons, poursuivez

pousser *to push*

Present participle poussant
Past participle poussé

Present indicative	*Perfect indicative*
je pousse	j'ai poussé
tu pousses	tu as poussé
il pousse	il a poussé
nous poussons	nous avons poussé
vous poussez	vous avez poussé
ils poussent	ils ont poussé
Imperfect indicative	*Pluperfect indicative*
je poussais	j'avais poussé
tu poussais	tu avais poussé
il poussait	il avait poussé
nous poussions	nous avions poussé
vous poussiez	vous aviez poussé
ils poussaient	ils avaient poussé
Past historic	*Present subjunctive*
je poussai	que je pousse
tu poussas	que tu pousses
il poussa	qu'il pousse
nous poussâmes	que nous poussions
vous poussâtes	que vous poussiez
ils poussèrent	qu'ils poussent
Future	*Conditional*
je pousserai	je pousserais
tu pousseras	tu pousserais
il poussera	il pousserait
nous pousserons	nous pousserions
vous pousserez	vous pousseriez
ils pousseront	ils pousseraient

Imperative pousse, poussons, poussez

pouvoir can, to be able to

Present participle pouvant
Past participle pu

Present indicative	*Perfect indicative*
je peux	j'ai pu
tu peux	tu as pu
il peut	il a pu
nous pouvons	nous avons pu
vous pouvez	vous avez pu
ils peuvent	ils ont pu

Imperfect indicative	*Pluperfect indicative*
je pouvais	j'avais pu
tu pouvais	tu avais pu
il pouvait	il avait pu
nous pouvions	nous avions pu
vous pouviez	vous aviez pu
ils pouvaient	ils avaient pu

Past historic	*Present subjunctive*
je pus	que je puisse
tu pus	que tu puisses
il put	qu'il puisse
nous pûmes	que nous puissions
vous pûtes	que vous puissiez
ils purent	qu'ils puissent

Future	*Conditional*
je pourrai	je pourrais
tu pourras	tu pourrais
il pourra	il pourrait
nous pourrons	nous pourrions
vous pourrez	vous pourriez
ils pourront	ils pourraient

Imperative —

prédire *to predict*

Present participle prédisant
Past participle prédit

Present indicative	*Perfect indicative*
je prédis	j'ai prédit
tu prédis	tu as prédit
il prédit	il a prédit
nous prédisons	nous avons prédit
vous prédisez	vous avez prédit
ils prédisent	ils ont prédit

Imperfect indicative	*Pluperfect indicative*
je prédisais	j'avais prédit
tu prédisais	tu avais prédit
il prédisait	il avait prédit
nous prédisions	nous avions prédit
vous prédisiez	vous aviez prédit
ils prédisaient	ils avaient prédit

Past historic	*Present subjunctive*
je prédis	que je prédise
tu prédis	que tu prédises
il prédit	qu'il prédise
nous prédîmes	que nous prédisions
vous prédîtes	que vous prédisiez
ils prédirent	qu'ils prédisent

Future	*Conditional*
je prédirai	je prédirais
tu prédiras	tu prédirais
il prédira	il prédirait
nous prédirons	nous prédirions
vous prédirez	vous prédiriez
ils prédiront	ils prédiraient

Imperative prédis, prédisons, prédisez

prendre *to take*

Present participle prenant
Past participle pris

Present indicative	*Perfect indicative*
je prends	j'ai pris
tu prends	tu as pris
il prend	il a pris
nous prenons	nous avons pris
vous prenez	vous avez pris
ils prennent	ils ont pris

Imperfect indicative	*Pluperfect indicative*
je prenais	j'avais pris
tu prenais	tu avais pris
il prenait	il avait pris
nous prenions	nous avions pris
vous preniez	vous aviez pris
ils prenaient	ils avaient pris

Past historic	*Present subjunctive*
je pris	que je prenne
tu pris	que tu prennes
il prit	qu'il prenne
nous prîmes	que nous prenions
vous prîtes	que vous preniez
ils prirent	qu'ils prennent

Future	*Conditional*
je prendrai	je prendrais
tu prendras	tu prendrais
il prendra	il prendrait
nous prendrons	nous prendrions
vous prendrez	vous prendriez
ils prendront	ils prendraient

Imperative prends, prenons, prenez

prescrire *to prescribe*
Present participle prescrivant
Past participle prescrit

Present indicative	*Perfect indicative*
je prescris	j'ai prescrit
tu prescris	tu as prescrit
il prescrit	il a prescrit
nous prescrivons	nous avons prescrit
vous prescrivez	vous avez prescrit
ils prescrivent	ils ont prescrit
Imperfect indicative	*Pluperfect indicative*
je prescrivais	j'avais prescrit
tu prescrivais	tu avais prescrit
il prescrivait	il avait prescrit
nous prescrivions	nous avions prescrit
vous prescriviez	vous aviez prescrit
ils prescrivaient	ils avaient prescrit
Past historic	*Present subjunctive*
je prescrivis	que je prescrive
tu prescrivis	que tu prescrives
il prescrivit	qu'il prescrive
nous prescrivîmes	que nous prescrivions
vous prescrivîtes	que vous prescriviez
ils prescrivirent	qu'ils prescrivent
Future	*Conditional*
je prescrirai	je prescrirais
tu prescriras	tu prescrirais
il prescrira	il prescrirait
nous prescrirons	nous prescririons
vous prescrirez	vous prescririez
ils prescriront	ils prescriraient

Imperative prescris, prescrivons, prescrivez

présenter *to present, introduce*

Present participle présentant
Past participle présenté

Present indicative	*Perfect indicative*
je présente	j'ai présenté
tu présentes	tu as présenté
il présente	il a présenté
nous présentons	nous avons présenté
vous présentez	vous avez présenté
ils présentent	ils ont présenté
Imperfect indicative	*Pluperfect indicative*
je présentais	j'avais présenté
tu présentais	tu avais présenté
il présentait	il avait présenté
nous présentions	nous avions présenté
vous présentiez	vous aviez présenté
ils présentaient	ils avaient présenté
Past historic	*Present subjunctive*
je présentai	que je présente
tu présentas	que tu présentes
il présenta	qu'il présente
nous présentâmes	que nous présentions
vous présentâtes	que vous présentiez
ils présentèrent	qu'ils présentent
Future	*Conditional*
je présenterai	je présenterais
tu présenteras	tu présenterais
il présentera	il présenterait
nous présenterons	nous présenterions
vous présenterez	vous présenteriez
ils présenteront	ils présenteraient

Imperative présente, présentons, présentez

prévenir *to warn, prevent*

Present participle prévenant
Past participle prévenu

Present indicative	*Perfect indicative*
je préviens	je suis prévenu
tu préviens	tu es prévenu
il prévient	il est prévenu
nous prévenons	nous sommes prévenus
vous prévenez	vous êtes prévenus
ils préviennent	ils sont prévenus
Imperfect indicative	*Pluperfect indicative*
je prévenais	j'étais prévenu
tu prévenais	tu étais prévenu
il prévenait	il était prévenu
nous prévenions	nous étions prévenus
vous préveniez	vous étiez prévenus
ils prévenaient	ils étaient prévenus
Past historic	*Present subjunctive*
je prévins	que je prévienne
tu prévins	que tu préviennes
il prévint	qu'il prévienne
nous prévînmes	que nous prévenions
vous prévîntes	que vous préveniez
ils prévinrent	qu'ils préviennent
Future	*Conditional*
je préviendrai	je préviendrais
tu préviendras	tu préviendrais
il préviendra	il préviendrait
nous préviendrons	nous préviendrions
vous préviendrez	vous préviendriez
ils préviendront	ils préviendraient

Imperative préviens, prévenons, prévenez

prévoir *to foresee, anticipate*

Present participle prévoyant
Past participle prévu

Present indicative	*Perfect indicative*
je prévois	j'ai prévu
tu prévois	tu as prévu
il prévoit	il a prévu
nous prévoyons	nous avons prévu
vous prévoyez	vous avez prévu
ils prévoient	ils ont prévu
Imperfect indicative	*Pluperfect indicative*
je prévoyais	j'avais prévu
tu prévoyais	tu avais prévu
il prévoyait	il avait prévu
nous prévoyions	nous avions prévu
vous prévoyiez	vous aviez prévu
ils prévoyaient	ils avaient prévu
Past historic	*Present subjunctive*
je prévis	que je prévoie
tu prévis	que tu prévoies
il prévit	qu'il prévoie
nous prévîmes	que nous prévoyions
vous prévîtes	que vous prévoyiez
ils prévirent	qu'ils prévoient
Future	*Conditional*
je prévoirai	je prévoirais
tu prévoiras	tu prévoirais
il prévoira	il prévoirait
nous prévoirons	nous prévoirions
vous prévoirez	vous prévoiriez
ils prévoiront	ils prévoiraient

Imperative prévois, prévoyons, prévoyez

produire *to produce*

Present participle produisant
Past participle produit

Present indicative	*Perfect indicative*
je produis	j'ai produit
tu produis	tu as produit
il produit	il a produit
nous produisons	nous avons produit
vous produisez	vous avez produit
ils produisent	ils ont produit

Imperfect indicative	*Pluperfect indicative*
je produisais	j'avais produit
tu produisais	tu avais produit
il produisait	il avait produit
nous produisions	nous avions produit
vous produisiez	vous aviez produit
ils produisaient	ils avaient produit

Past historic	*Present subjunctive*
je produisis	que je produise
tu produisis	que tu produises
il produisit	qu'il produise
nous produisîmes	que nous produisions
vous produisîtes	que vous produisiez
ils produisirent	qu'ils produisent

Future	*Conditional*
je produirai	je produirais
tu produiras	tu produirais
il produira	il produirait
nous produirons	nous produirions
vous produirez	vous produiriez
ils produiront	ils produiraient

Imperative produis, produisons, produisez

promettre *to promise*

Present participle promettant
Past participle promis

Present indicative	*Perfect indicative*
je promets	j'ai promis
tu promets	tu as promis
il promet	il a promis
nous promettons	nous avons promis
vous promettez	vous avez promis
ils promettent	ils ont promis
Imperfect indicative	*Pluperfect indicative*
je promettais	j'avais promis
tu promettais	tu avais promis
il promettait	il avait promis
nous promettions	nous avions promis
vous promettiez	vous aviez promis
ils promettaient	ils avaient promis
Past historic	*Present subjunctive*
je promis	que je promette
tu promis	que tu promettes
il promit	qu'il promette
nous promîmes	que nous promettions
vous promîtes	que vous promettiez
ils promirent	qu'ils promettent
Future	*Conditional*
je promettrai	je promettrais
tu promettras	tu promettrais
il promettra	il promettrait
nous promettrons	nous promettrions
vous promettrez	vous promettriez
ils promettront	ils promettraient

Imperative promets, promettons, promettez

proscrire *to proscribe, prohibit*

Present participle proscrivant
Past participle proscrit

Present indicative	*Perfect indicative*
je proscris	j'ai proscrit
tu proscris	tu as proscrit
il proscrit	il a proscrit
nous proscrivons	nous avons proscrit
vous proscrivez	vous avez proscrit
ils proscrivent	ils ont proscrit
Imperfect indicative	*Pluperfect indicative*
je proscrivais	j'avais proscrit
tu proscrivais	tu avais proscrit
il proscrivait	il avait proscrit
nous proscrivions	nous avions proscrit
vous proscriviez	vous aviez proscrit
ils proscrivaient	ils avaient proscrit
Past historic	*Present subjunctive*
je proscrivis	que je proscrive
tu proscrivis	que tu proscrives
il proscrivit	qu'il proscrive
nous proscrivîmes	que nous proscrivions
vous proscrivîtes	que vous proscriviez
ils proscrivirent	qu'ils proscrivent
Future	*Conditional*
je proscrirai	je proscrirais
tu proscriras	tu proscrirais
il proscrira	il proscrirait
nous proscrirons	nous proscririons
vous proscrirez	vous proscririez
ils proscriront	ils proscriraient

Imperative proscris, proscrivons, proscrivez

recevoir *to receive, entertain*

Present participle recevant
Past participle reçu

Present indicative
je reçois
tu reçois
il reçoit
nous recevons
vous recevez
ils reçoivent

Imperfect indicative
je recevais
tu recevais
il recevait
nous recevions
vous receviez
ils recevaient

Past historic
je reçus
tu reçus
il reçut
nous reçûmes
vous reçûtes
ils reçurent

Future
je recevrai
tu recevras
il recevra
nous recevrons
vous recevrez
ils recevront

Perfect indicative
j'ai reçu
tu as reçu
il a reçu
nous avons reçu
vous avez reçu
ils ont reçu

Pluperfect indicative
j'avais reçu
tu avais reçu
il avait reçu
nous avions reçu
vous aviez reçu
ils avaient reçu

Present subjunctive
que je reçoive
que tu reçoives
qu'il reçoive
que nous recevions
que vous receviez
qu'ils reçoivent

Conditional
je recevrais
tu recevrais
il recevrait
nous recevrions
vous recevriez
ils recevraient

Imperative reçois, recevons, recevez

reconduire *to renew, drive home*

Present participle reconduisant
Past participle reconduit

Present indicative
je reconduis
tu reconduis
il reconduit
nous reconduisons
vous reconduisez
ils reconduisent

Imperfect indicative
je reconduisais
tu reconduisais
il reconduisait
nous reconduisions
vous reconduisiez
ils reconduisaient

Past historic
je reconduisis
tu reconduisis
il reconduisit
nous reconduisîmes
vous reconduisîtes
ils reconduisirent

Future
je reconduirai
tu reconduiras
il reconduira
nous reconduirons
vous reconduirez
ils reconduiront

Perfect indicative
j'ai reconduit
tu as reconduit
il a reconduit
nous avons reconduit
vous avez reconduit
ils ont reconduit

Pluperfect indicative
j'avais reconduit
tu avais reconduit
il avait reconduit
nous avions reconduit
vous aviez reconduit
ils avaient reconduit

Present subjunctive
que je reconduise
que tu reconduises
qu'il reconduise
que nous reconduisions
que vous reconduisiez
qu'ils reconduisent

Conditional
je reconduirais
tu reconduirais
il reconduirait
nous reconduirions
vous reconduiriez
ils reconduiraient

Imperative reconduis, reconduisons, reconduisez

141

reconnaître *to recognise, acknowledge*

Present participle reconnaissant
Past participle reconnu

Present indicative	*Perfect indicative*
je reconnais	j'ai reconnu
tu reconnais	tu as reconnu
il reconnaît	il a reconnu
nous reconnaissons	nous avons reconnu
vous reconnaissez	vous avez reconnu
ils reconnaissent	ils ont reconnu

Imperfect indicative	*Pluperfect indicative*
je reconnaissais	j'avais reconnu
tu reconnaissais	tu avais reconnu
il reconnaissait	il avait reconnu
nous reconnaissions	nous avions reconnu
vous reconnaissiez	vous aviez reconnu
ils reconnaissaient	ils avaient reconnu

Past historic	*Present subjunctive*
je reconnus	que je reconnaisse
tu reconnus	que tu reconnaisses
il reconnut	qu'il reconnaisse
nous reconnûmes	que nous reconnaissions
vous reconnûtes	que vous reconnaissiez
ils reconnurent	qu'ils reconnaissent

Future	*Conditional*
je reconnaîtrai	je reconnaîtrais
tu reconnaîtras	tu reconnaîtrais
il reconnaîtra	il reconnaîtrait
nous reconnaîtrons	nous reconnaîtrions
vous reconnaîtrez	vous reconnaîtriez
ils reconnaîtront	ils reconnaîtraient

Imperative reconnais, reconnaissons, reconnaissez

réduire *to reduce*

Present participle réduisant
Past participle réduit

Present indicative	*Perfect indicative*
je réduis	j'ai réduit
tu réduis	tu as réduit
il réduit	il a réduit
nous réduisons	nous avons réduit
vous réduisez	vous avez réduit
ils réduisent	ils ont réduit

Imperfect indicative	*Pluperfect indicative*
je réduisais	j'avais réduit
tu réduisais	tu avais réduit
il réduisait	il avait réduit
nous réduisions	nous avions réduit
vous réduisiez	vous aviez réduit
ils réduisaient	ils avaient réduit

Past historic	*Present subjunctive*
je réduisis	que je réduise
tu réduisis	que tu réduises
il réduisit	qu'il réduise
nous réduisîmes	que nous réduisions
vous réduisîtes	que vous réduisiez
ils réduisirent	qu'ils réduisent

Future	*Conditional*
je réduirai	je réduirais
tu réduiras	tu réduirais
il réduira	il réduirait
nous réduirons	nous réduirions
vous réduirez	vous réduiriez
ils réduiront	ils réduiraient

Imperative réduis, réduisons, réduisez

refaire *to redo, renovate*

Present participle refaisant
Past participle refait

Present indicative	*Perfect indicative*
je refais	j'ai refait
tu refais	tu as refait
il refait	il a refait
nous refaisons	nous avons refait
vous refaites	vous avez refait
ils refont	ils ont refait
Imperfect indicative	*Pluperfect indicative*
je refaisais	j'avais refait
tu refaisais	tu avais refait
il refaisait	il avait refait
nous refaisions	nous avions refait
vous refaisiez	vous aviez refait
ils refaisaient	ils avaient refait
Past historic	*Present subjunctive*
je refis	que je refasse
tu refis	que tu refasses
il refit	qu'il refasse
nous refîmes	que nous refassions
vous refîtes	que vous refassiez
ils refirent	qu'ils refassent
Future	*Conditional*
je referai	je referais
tu referas	tu referais
il refera	il referait
nous referons	nous referions
vous referez	vous referiez
ils referont	ils referaient

Imperative refais, refaisons, refaites

rejoindre *to get back to, meet up with*

Present participle rejoignant
Past participle rejoint

Present indicative	*Perfect indicative*
je rejoins	j'ai rejoint
tu rejoins	tu as rejoint
il rejoint	il a rejoint
nous rejoignons	nous avons rejoint
vous rejoignez	vous avez rejoint
ils rejoignent	ils ont rejoint
Imperfect indicative	*Pluperfect indicative*
je rejoignais	j'avais rejoint
tu rejoignais	tu avais rejoint
il rejoignait	il avait rejoint
nous rejoignions	nous avions rejoint
vous rejoigniez	vous aviez rejoint
ils rejoignaient	ils avaient rejoint
Past historic	*Present subjunctive*
je rejoignis	que je rejoigne
tu rejoignis	que tu rejoignes
il rejoignit	qu'il rejoigne
nous rejoignîmes	que nous rejoignions
vous rejoignîtes	que vous rejoigniez
ils rejoignirent	qu'ils rejoignent
Future	*Conditional*
je rejoindrai	je rejoindrais
tu rejoindras	tu rejoindrais
il rejoindra	il rejoindrait
nous rejoindrons	nous rejoindrions
vous rejoindrez	vous rejoindriez
ils rejoindront	ils rejoindraient

Imperative rejoins, rejoignons, rejoignez

relire *to read again, over*

Present participle relisant
Past participle relu

Present indicative	*Perfect indicative*
je relis	j'ai relu
tu relis	tu as relu
il relit	il a relu
nous relisons	nous avons relu
vous relisez	vous avez relu
ils relisent	ils ont relu
Imperfect indicative	*Pluperfect indicative*
je relisais	j'avais relu
tu relisais	tu avais relu
il relisait	il avait relu
nous relisions	nous avions relu
vous relisiez	vous aviez relu
ils relisaient	ils avaient relu
Past historic	*Present subjunctive*
je relus	que je relise
tu relus	que tu relises
il relut	qu'il relise
nous relûmes	que nous relisions
vous relûtes	que vous relisiez
ils relurent	qu'ils relisent
Future	*Conditional*
je relirai	je relirais
tu reliras	tu relirais
il relira	il relirait
nous relirons	nous relirions
vous relirez	vous reliriez
ils reliront	ils reliraient

Imperative relis, relisons, relisez

reluire *to shine, gleam*

Present participle reluisant
Past participle relui

Present indicative	*Perfect indicative*
je reluis	j'ai relui
tu reluis	tu as relui
il reluit	il a relui
nous reluisons	nous avons relui
vous reluisez	vous avez relui
ils reluisent	ils ont relui

Imperfect indicative	*Pluperfect indicative*
je reluisais	j'avais relui
tu reluisais	tu avais relui
il reluisait	il avait relui
nous reluisions	nous avions relui
vous reluisiez	vous aviez relui
ils reluisaient	ils avaient relui

Past historic	*Present subjunctive*
je reluis	que je reluise
tu reluis	que tu reluises
il reluit	qu'il reluise
nous reluîmes	que nous reluisions
vous reluîtes	que vous reluisiez
ils reluirent	qu'ils reluisent

Future	*Conditional*
je reluirai	je reluirais
tu reluiras	tu reluirais
il reluira	il reluirait
nous reluirons	nous reluirions
vous reluirez	vous reluiriez
ils reluiront	ils reluiraient

Imperative reluis, reluisons, reluisez

rendre *to give back*

Present participle rendant
Past participle rendu

Present indicative	*Perfect indicative*
je rends	j'ai rendu
tu rends	tu as rendu
il rend	il a rendu
nous rendons	nous avons rendu
vous rendez	vous avez rendu
ils rendent	ils ont rendu

Imperfect indicative	*Pluperfect indicative*
je rendais	j'avais rendu
tu rendais	tu avais rendu
il rendait	il avait rendu
nous rendions	nous avions rendu
vous rendiez	vous aviez rendu
ils rendaient	ils avaient rendu

Past historic	*Present subjunctive*
je rendis	que je rende
tu rendis	que tu rendes
il rendit	qu'il rende
nous rendîmes	que nous rendions
vous rendîtes	que vous rendiez
ils rendirent	qu'ils rendent

Future	*Conditional*
je rendrai	je rendrais
tu rendras	tu rendrais
il rendra	il rendrait
nous rendrons	nous rendrions
vous rendrez	vous rendriez
ils rendront	ils rendraient

Imperative rends, rendons, rendez

rentrer *to return*

Present participle rentrant
Past participle rentré

Present indicative	*Perfect indicative*
je rentre	je suis rentré
tu rentres	tu es rentré
il rentre	il est rentré
nous rentrons	nous sommes rentrés
vous rentrez	vous êtes rentrés
ils rentrent	ils sont rentrés
Imperfect indicative	*Pluperfect indicative*
je rentrais	j'étais rentré
tu rentrais	tu étais rentré
il rentrait	il était rentré
nous rentrions	nous étions rentrés
vous rentriez	vous étiez rentrés
ils rentraient	ils étaient rentrés
Past historic	*Present subjunctive*
je rentrai	que je rentre
tu rentras	que tu rentres
il rentra	qu'il rentre
nous rentrâmes	que nous rentrions
vous rentrâtes	que vous rentriez
ils rentrèrent	qu'ils rentrent
Future	*Conditional*
je rentrerai	je rentrerais
tu rentreras	tu rentrerais
il rentrera	il rentrerait
nous rentrerons	nous rentrerions
vous rentrerez	vous rentreriez
ils rentreront	ils rentreraient

Imperative rentre, rentrons, rentrez

répondre *to answer, reply*

Present participle répondant
Past participle répondu

Present indicative	*Perfect indicative*
je réponds	j'ai répondu
tu réponds	tu as répondu
il répond	il a répondu
nous répondons	nous avons répondu
vous répondez	vous avez répondu
ils répondent	ils ont répondu

Imperfect indicative	*Pluperfect indicative*
je répondais	j'avais répondu
tu répondais	tu avais répondu
il répondait	il avait répondu
nous répondions	nous avions répondu
vous répondiez	vous aviez répondu
ils répondaient	ils avaient répondu

Past historic	*Present subjunctive*
je répondis	que je réponde
tu répondis	que tu répondes
il répondit	qu'il réponde
nous répondîmes	que nous répondions
vous répondîtes	que vous répondiez
ils répondirent	qu'ils répondent

Future	*Conditional*
je répondrai	je répondrais
tu répondras	tu répondrais
il répondra	il répondrait
nous répondrons	nous répondrions
vous répondrez	vous répondriez
ils répondront	ils répondraient

Imperative réponds, répondons, répondez

reprendre *to take back, resume*

Present participle reprenant
Past participle repris

Present indicative
je reprends
tu reprends
il reprend
nous reprenons
vous reprenez
ils reprennent

Perfect indicative
j'ai repris
tu as repris
il a repris
nous avons repris
vous avez repris
ils ont repris

Imperfect indicative
je reprenais
tu reprenais
il reprenait
nous reprenions
vous repreniez
ils reprenaient

Pluperfect indicative
j'avais repris
tu avais repris
il avait repris
nous avions repris
vous aviez repris
ils avaient repris

Past historic
je repris
tu repris
il reprit
nous reprîmes
vous reprîtes
ils reprirent

Present subjunctive
que je reprenne
que tu reprennes
qu'il reprenne
que nous reprenions
que vous repreniez
qu'ils reprennent

Future
je reprendrai
tu reprendras
il reprendra
nous reprendrons
vous reprendrez
ils reprendront

Conditional
je reprendrais
tu reprendrais
il reprendrait
nous reprendrions
vous reprendriez
ils reprendraient

Imperative reprends, reprenons, reprenez

reproduire *to reproduce*

Present participle reproduisant
Past participle reproduit

Present indicative	*Perfect indicative*
je reproduis	j'ai reproduit
tu reproduis	tu as reproduit
il reproduit	il a reproduit
nous reproduisons	nous avons reproduit
vous reproduisez	vous avez reproduit
ils reproduisent	ils ont reproduit
Imperfect indicative	*Pluperfect indicative*
je reproduisais	j'avais reproduit
tu reproduisais	tu avais reproduit
il reproduisait	il avait reproduit
nous reproduisions	nous avions reproduit
vous reproduisiez	vous aviez reproduit
ils reproduisaient	ils avaient reproduit
Past historic	*Present subjunctive*
je reproduisis	que je reproduise
tu reproduisis	que tu reproduises
il reproduisit	qu'il reproduise
nous reproduisîmes	que nous reproduisions
vous reproduisîtes	que vous reproduisiez
ils reproduisirent	qu'ils reproduisent
Future	*Conditional*
je reproduirai	je reproduirais
tu reproduiras	tu reproduirais
il reproduira	il reproduirait
nous reproduirons	nous reproduirions
vous reproduirez	vous reproduiriez
ils reproduiront	ils reproduiraient

Imperative reproduis, reproduisons, reproduisez

résoudre *to solve, resolve*

Present participle résolvant
Past participle résolu

Present indicative	*Perfect indicative*
je résous	j'ai résolu
tu résous	tu as résolu
il résout	il a résolu
nous résolvons	nous avons résolu
vous résolvez	vous avez résolu
ils résolvent	ils ont résolu

Imperfect indicative	*Pluperfect indicative*
je résolvais	j'avais résolu
tu résolvais	tu avais résolu
il résolvait	il avait résolu
nous résolvions	nous avions résolu
vous résolviez	vous aviez résolu
ils résolvaient	ils avaient résolu

Past historic	*Present subjunctive*
je résolus	que je résolve
tu résolus	que tu résolves
il résolut	qu'il résolve
nous résolûmes	que nous résolvions
vous résolûtes	que vous résolviez
ils résolurent	qu'ils résolvent

Future	*Conditional*
je résoudrai	je résoudrais
tu résoudras	tu résoudrais
il résoudra	il résoudrait
nous résoudrons	nous résoudrions
vous résoudrez	vous résoudriez
ils résoudront	ils résoudraient

Imperative résous, résolvons, résolvez

ressentir *to feel, experience*

Preresent participle ressentant
Past participle ressenti

Present indicative	*Perfect indicative*
je ressens	j'ai ressenti
tu ressens	tu as ressenti
il ressent	il a ressenti
nous ressentons	nous avons ressenti
vous ressentez	vous avez ressenti
ils ressentent	ils ont ressenti

Imperfect indicative	*Pluperfect indicative*
je ressentais	j'avais ressenti
tu ressentais	tu avais ressenti
il ressentait	il avait ressenti
nous ressentions	nous avions ressenti
vous ressentiez	vous aviez ressenti
ils ressentaient	ils avaient ressenti

Past historic	*Present subjunctive*
je ressentis	que je ressente
tu ressentis	que tu ressentes
il ressentit	qu'il ressente
nous ressentîmes	que nous ressentions
vous ressentîtes	que vous ressentiez
ils ressentirent	qu'ils ressentent

Future	*Conditional*
je ressentirai	je ressentirais
tu ressentiras	tu ressentirais
il ressentira	il ressentirait
nous ressentirons	nous ressentirions
vous ressentirez	vous ressentiriez
ils ressentiront	ils ressentiraient

Imperative ressens, ressentons, ressentez

restreindre *to restrict*

Present participle restreignant
Past participle restreint

Present indicative	*Perfect indicative*
je restreins	j'ai restreint
tu restreins	tu as restreint
il restreint	il a restreint
nous restreignons	nous avons restreint
vous restreignez	vous avez restreint
ils restreignent	ils ont restreint

Imperfect indicative	*Pluperfect indicative*
je restreignais	j'avais restreint
tu restreignais	tu avais restreint
il restreignait	il avait restreint
nous restreignions	nous avions restreint
vous restreigniez	vous aviez restreint
ils restreignaient	ils avaient restreint

Past historic	*Present subjunctive*
je restreignis	que je restreigne
tu restreignis	que tu restreignes
il restreignit	qu'il restreigne
nous restreignîmes	que nous restreignions
vous restreignîtes	que vous restreigniez
ils restreignirent	qu'ils restreignent

Future	*Conditional*
je restreindrai	je restreindrais
tu restreindras	tu restreindrais
il restreindra	il restreindrait
nous restreindrons	nous restreindrions
vous restreindrez	vous restreindriez
ils restreindront	ils restreindraient

Imperative restreins, restreignons, restreignez

revenir *to come back*

Present participle revenant
Past participle revenu

Present indicative	*Perfect indicative*
je reviens	je suis revenu
tu reviens	tu es revenu
il revient	il est revenu
nous revenons	nous sommes revenus
vous revenez	vous êtes revenus
ils reviennent	ils sont revenus
Imperfect indicative	*Pluperfect indicative*
je revenais	j'étais revenu
tu revenais	tu étais revenu
il revenait	il était revenu
nous revenions	nous étions revenus
vous reveniez	vous étiez revenus
ils revenaient	ils étaient revenus
Past historic	*Present subjunctive*
je revins	que je revienne
tu revins	que tu reviennes
il revint	qu'il revienne
nous revînmes	que nous revenions
vous revîntes	que vous reveniez
ils revinrent	qu'ils reviennent
Future	*Conditional*
je reviendrai	je reviendrais
tu reviendras	tu reviendrais
il reviendra	il reviendrait
nous reviendrons	nous reviendrions
vous reviendrez	vous reviendriez
ils reviendront	ils reviendraient

Imperative reviens, revenons, revenez

revivre *to live again, to be revived*

Present participle revivant
Past participle revécu

Present indicative
je revis
tu revis
il revit
nous revivons
vous revivez
ils revivent

Perfect indicative
j'ai revécu
tu as revécu
il a revécu
nous avons revécu
vous avez revécu
ils ont revécu

Imperfect indicative
je revivais
tu revivais
il revivait
nous revivions
vous reviviez
ils revivaient

Pluperfect indicative
j'avais revécu
tu avais revécu
il avait revécu
nous avions revécu
vous aviez revécu
ils avaient revécu

Past historic
je revécus
tu revécus
il revécut
nous revécûmes
vous revécûtes
ils revécurent

Present subjunctive
que je revive
que tu revives
qu'il revive
que nous revivions
que vous reviviez
qu'ils revivent

Future
je revivrai
tu revivras
il revivra
nous revivrons
vous revivrez
ils revivront

Conditional
je revivrais
tu revivrais
il revivrait
nous revivrions
vous revivriez
ils revivraient

Imperative revis, revivons, revivez

rire *to laugh*
Present participle riant
Past participle ri

Present indicative	*Perfect indicative*
je ris	j'ai ri
tu ris	tu as ri
il rit	il a ri
nous rions	nous avons ri
vous riez	vous avez ri
ils rient	ils ont ri

Imperfect indicative	*Pluperfect indicative*
je riais	j'avais ri
tu riais	tu avais ri
il riait	il avait ri
nous riions	nous avions ri
vous riiez	vous aviez ri
ils riaient	ils avaient ri

Past historic	*Present subjunctive*
je ris	que je rie
tu ris	que tu ries
il rit	qu'il rie
nous rîmes	que nous riions
vous rîtes	que vous riiez
ils rirent	qu'ils rient

Future	*Conditional*
je rirai	je rirais
tu riras	tu rirais
il rira	il rirait
nous rirons	nous ririons
vous rirez	vous ririez
ils riront	ils riraient

Imperative ris, rions, riez

rompre *to break* (*off*)

Present participle rompant
Past participle rompu

Present indicative	*Perfect indicative*
je romps	j'ai rompu
tu romps	tu as rompu
il rompt	il a rompu
nous rompons	nous avons rompu
vous rompez	vous avez rompu
ils rompent	ils ont rompu

Imperfect indicative	*Pluperfect indicative*
je rompais	j'avais rompu
tu rompais	tu avais rompu
il rompait	il avait rompu
nous rompions	nous avions rompu
vous rompiez	vous aviez rompu
ils rompaient	ils avaient rompu

Past historic	*Present subjunctive*
je rompis	que je rompe
tu rompis	que tu rompes
il rompit	qu'il rompe
nous rompîmes	que nous rompions
vous rompîtes	que vous rompiez
ils rompirent	qu'ils rompent

Future	*Conditional*
je romprai	je romprais
tu rompras	tu romprais
il rompra	il romprait
nous romprons	nous romprions
vous romprez	vous rompriez
ils rompront	ils rompraient

Imperative romps, rompons, rompez

savoir *to know*

Present participle sachant
Past participle su

Present indicative	*Perfect indicative*
je sais	j'ai su
tu sais	tu as su
il sait	il a su
nous savons	nous avons su
vous savez	vous avez su
ils savent	ils ont su

Imperfect indicative	*Pluperfect indicative*
je savais	j'avais su
tu savais	tu avais su
il savait	il avait su
nous savions	nous avions su
vous saviez	vous aviez su
ils savaient	ils avaient su

Past historic	*Present subjunctive*
je sus	que je sache
tu sus	que tu saches
il sut	qu'il sache
nous sûmes	que nous sachions
vous sûtes	que vous sachiez
ils surent	qu'ils sachent

Future	*Conditional*
je saurai	je saurais
tu sauras	tu saurais
il saura	il saurait
nous saurons	nous saurions
vous saurez	vous sauriez
ils sauront	ils sauraient

Imperative sache, sachons, sachez

séduire *to seduce, charm*

Present participle séduisant
Past participle séduit

Present indicative	*Perfect indicative*
je séduis	j'ai séduit
tu séduis	tu as séduit
il séduit	il a séduit
nous séduisons	nous avons séduit
vous séduisez	vous avez séduit
ils séduisent	ils ont séduit
Imperfect indicative	*Pluperfect indicative*
je séduisais	j'avais séduit
tu séduisais	tu avais séduit
il séduisait	il avait séduit
nous séduisions	nous avions séduit
vous séduisiez	vous aviez séduit
ils séduisaient	ils avaient séduit
Past historic	*Present subjunctive*
je séduisis	que je séduise
tu séduisis	que tu séduises
il séduisit	qu'il séduise
nous séduisîmes	que nous séduisions
vous séduisîtes	que vous séduisiez
ils séduisirent	qu'ils séduisent
Future	*Conditional*
je séduirai	je séduirais
tu séduiras	tu séduirais
il séduira	il séduirait
nous séduirons	nous séduirions
vous séduirez	vous séduiriez
ils séduiront	ils séduiraient

Imperative séduis, séduisons, séduisez

sentir *to smell, feel*

Present participle sentant
Past participle senti

Present indicative	*Perfect indicative*
je sens	j'ai senti
tu sens	tu as senti
il sent	il a senti
nous sentons	nous avons senti
vous sentez	vous avez senti
ils sentent	ils ont senti
Imperfect indicative	*Pluperfect indicative*
je sentais	j'avais senti
tu sentais	tu avais senti
il sentait	il avait senti
nous sentions	nous avions senti
vous sentiez	vous aviez senti
ils sentaient	ils avaient senti
Past historic	*Present subjunctive*
je sentis	que je sente
tu sentis	que tu sentes
il sentit	qu'il sente
nous sentîmes	que nous sentions
vous sentîtes	que vous sentiez
ils sentirent	qu'ils sentent
Future	*Conditional*
je sentirai	je sentirais
tu sentiras	tu sentirais
il sentira	il sentirait
nous sentirons	nous sentirions
vous sentirez	vous sentiriez
ils sentiront	ils sentiraient

Imperative sens, sentons, sentez

servir *to serve*

Present participle servant
Past participle servi

Present indicative	*Perfect indicative*
je sers	j'ai servi
tu sers	tu as servi
il sert	il a servi
nous servons	nous avons servi
vous servez	vous avez servi
ils servent	ils ont servi

Imperfect indicative	*Pluperfect indicative*
je servais	j'avais servi
tu servais	tu avais servi
il servait	il avait servi
nous servions	nous avions servi
vous serviez	vous aviez servi
ils servaient	ils avaient servi

Past historic	*Present subjunctive*
je servis	que je serve
tu servis	que tu serves
il servit	qu'il serve
nous servîmes	que nous servions
vous servîtes	que vous serviez
ils servirent	qu'ils servent

Future	*Conditional*
je servirai	je servirais
tu serviras	tu servirais
il servira	il servirait
nous servirons	nous servirions
vous servirez	vous serviriez
ils serviront	ils serviraient

Imperative sers, servons, servez

sortir *to go out, leave*

Present sorticiple sortant
Past sorticiple sorti

Present indicative	*Perfect indicative*
je sors	je suis sorti
tu sors	tu es sorti
il sort	il est sorti
nous sortons	nous sommes sortis
vous sortez	vous êtes sortis
ils sortent	ils sont sortis
Imperfect indicative	*Pluperfect indicative*
je sortais	j'étais sorti
tu sortais	tu étais sorti
il sortait	il était sorti
nous sortions	nous étions sortis
vous sortiez	vous étiez sortis
ils sortaient	ils étaient sortis
Past historic	*Present subjunctive*
je sortis	que je sorte
tu sortis	que tu sortes
il sortit	qu'il sorte
nous sortîmes	que nous sortions
vous sortîtes	que vous sortiez
ils sortirent	qu'ils sortent
Future	*Conditional*
je sortirai	je sortirais
tu sortiras	tu sortirais
il sortira	il sortirait
nous sortirons	nous sortirions
vous sortirez	vous sortiriez
ils sortiront	ils sortiraient

Imperative sors, sortons, sortez

souffrir *to suffer*
Present participle souffrant
Past participle souffert

Present indicative	*Perfect indicative*
je souffre	j'ai souffert
tu souffres	tu as souffert
il souffre	il a souffert
nous souffrons	nous avons souffert
vous souffrez	vous avez souffert
ils souffrent	ils ont souffert

Imperfect indicative	*Pluperfect indicative*
je souffrais	j'avais souffert
tu souffrais	tu avais souffert
il souffrait	il avait souffert
nous souffrions	nous avions souffert
vous souffriez	vous aviez souffert
ils souffraient	ils avaient souffert

Past historic	*Present subjunctive*
je souffris	que je souffre
tu souffris	que tu souffres
il souffrit	qu'il souffre
nous souffrîmes	que nous souffrions
vous souffrîtes	que vous souffriez
ils souffrirent	qu'ils souffrent

Future	*Conditional*
je souffrirai	je souffrirais
tu souffriras	tu souffrirais
il souffrira	il souffrirait
nous souffrirons	nous souffririons
vous souffrirez	vous souffririez
ils souffriront	ils souffriraient

Imperative souffre, souffrons, souffrez

sourire *to smile*

Present participle souriant
Past participle souri

Present indicative	*Perfect indicative*
je souris	j'ai souri
tu souris	tu as souri
il sourit	il a souri
nous sourions	nous avons souri
vous souriez	vous avez souri
ils sourient	ils ont souri

Imperfect indicative	*Pluperfect indicative*
je souriais	j'avais souri
tu souriais	tu avais souri
il souriait	il avait souri
nous souriions	nous avions souri
vous souriiez	vous aviez souri
ils souriaient	ils avaient souri

Past historic	*Present subjunctive*
je souris	que je sourie
tu souris	que tu souries
il sourit	qu'il sourie
nous sourîmes	que nous souriions
vous sourîtes	que vous souriiez
ils sourirent	qu'ils sourient

Future	*Conditional*
je sourirai	je sourirais
tu souriras	tu sourirais
il sourira	il sourirait
nous sourirons	nous souririons
vous sourirez	vous souririez
ils souriront	ils souriraient

Imperative souris, sourions, souriez

souscrire *to subscribe*

Present participle souscrivant
Past participle souscrit

Present indicative	*Perfect indicative*
je souscris	j'ai souscrit
tu souscris	tu as souscrit
il souscrit	il a souscrit
nous souscrivons	nous avons souscrit
vous souscrivez	vous avez souscrit
ils souscrivent	ils ont souscrit

Imperfect indicative	*Pluperfect indicative*
je souscrivais	j'avais souscrit
tu souscrivais	tu avais souscrit
il souscrivait	il avait souscrit
nous souscrivions	nous avions souscrit
vous souscriviez	vous aviez souscrit
ils souscrivaient	ils avaient souscrit

Past historic	*Present subjunctive*
je souscrivis	que je souscrive
tu souscrivis	que tu souscrives
il souscrivit	qu'il souscrive
nous souscrivîmes	que nous souscrivions
vous souscrivîtes	que vous souscriviez
ils souscrivirent	qu'ils souscrivent

Future	*Conditional*
je souscrirai	je souscrirais
tu souscriras	tu souscrirais
il souscrira	il souscrirait
nous souscrirons	nous souscririons
vous souscrirez	vous souscririez
ils souscriront	ils souscriraient

Imperative souscris, souscrivons, souscrivez

soustraire *to subtract*

Present participle soustrayant
Past participle soustrait

Present indicative	*Perfect indicative*
je soustrais	j'ai soustrait
tu soustrais	tu as soustrait
il soustrait	il a soustrait
nous soustrayons	nous avons soustrait
vous soustrayez	vous avez soustrait
ils soustraient	ils ont soustrait

Imperfect indicative	*Pluperfect indicative*
je soustrayais	j'avais soustrait
tu soustrayais	tu avais soustrait
il soustrayait	il avait soustrait
nous soustrayions	nous avions soustrait
vous soustrayiez	vous aviez soustrait
ils soustrayaient	ils avaient soustrait

Past historic	*Present subjunctive*
–	que je soustraie
–	que tu soustraies
–	qu'il soustraie
–	que nous soustrayions
–	que vous soustrayiez
–	qu'ils soustraient

Future	*Conditional*
je soustrairai	je soustrairais
tu soustrairas	tu soustrairais
il soustraira	il soustrairait
nous soustrairons	nous soustrairions
vous soustrairez	vous soustrairiez
ils soustrairont	ils soustrairaient

Imperative soustrais, soustrayons, soustrayez

soutenir *to support*

Present participle soutenant
Past participle soutenu

Present indicative	*Perfect indicative*
je soutiens	j'ai soutenu
tu soutiens	tu as soutenu
il soutient	il a soutenu
nous soutenons	nous avons soutenu
vous soutenez	vous avez soutenu
ils soutiennent	ils ont soutenu
Imperfect indicative	*Pluperfect indicative*
je soutenais	j'avais soutenu
tu soutenais	tu avais soutenu
il soutenait	il avait soutenu
nous soutenions	nous avions soutenu
vous souteniez	vous aviez soutenu
ils soutenaient	ils avaient soutenu
Past historic	*Present subjunctive*
je soutins	que je soutienne
tu soutins	que tu soutiennes
il soutint	qu'il soutienne
nous soutînmes	que nous soutenions
vous soutîntes	que vous souteniez
ils soutinrent	qu'ils soutiennent
Future	*Conditional*
je soutiendrai	je soutiendrais
tu soutiendras	tu soutiendrais
il soutiendra	il soutiendrait
nous soutiendrons	nous soutiendrions
vous soutiendrez	vous soutiendriez
ils soutiendront	ils soutiendraient

Imperative soutiens, soutenons, soutenez

se souvenir *to remember*

Present participle se souvenant
Past participle souvenu

Present indicative	*Perfect indicative*
je me souviens	je me suis souvenu
tu te souviens	tu t'es souvenu
il se souvient	il s'est souvenu
nous nous souvenons	nous nous sommes souvenus
vous vous souvenez	vous vous êtes souvenus
ils se souviennent	ils se sont souvenus

Imperfect indicative	*Pluperfect indicative*
je me souvenais	je m'étais souvenu
tu te souvenais	tu t'étais souvenu
il se souvenait	il s'était souvenu
nous nous souvenions	nous nous étions souvenus
vous vous souveniez	vous vous étiez souvenus
ils se souvenaient	ils s'étaient souvenus

Past historic	*Present subjunctive*
je me souvins	que je me souvienne
tu te souvins	que tu te souviennes
il se souvint	qu'il se souvienne
nous nous souvînmes	que nous nous souvenions
vous vous souvîntes	que vous vous souveniez
ils se souvinrent	qu'ils se souviennent

Future	*Conditional*
je me souviendrai	je me souviendrais
tu te souviendras	tu te souviendrais
il se souviendra	il se souviendrait
nous nous souviendrons	nous nous souviendrions
vous vous souviendrez	vous vous souviendriez
ils se souviendront	ils se souviendraient

Imperative souviens-toi, souvenons-nous, souvenez-vous

suffire *to be sufficient*

Present participle suffisant
Past participle suffi

Present indicative	*Perfect indicative*
je suffis	j'ai suffi
tu suffis	tu as suffi
il suffit	il a suffi
nous suffisons	nous avons suffi
vous suffisez	vous avez suffi
ils suffisent	ils ont suffi

Imperfect indicative	*Pluperfect indicative*
je suffisais	j'avais suffi
tu suffisais	tu avais suffi
il suffisait	il avait suffi
nous suffisions	nous avions suffi
vous suffisiez	vous aviez suffi
ils suffisaient	ils avaient suffi

Past historic	*Present subjunctive*
je suffis	que je suffise
tu suffis	que tu suffises
il suffit	qu'il suffise
nous suffîmes	que nous suffisions
vous suffîtes	que vous suffisiez
ils suffirent	qu'ils suffisent

Future	*Conditional*
je suffirai	je suffirais
tu suffiras	tu suffirais
il suffira	il suffirait
nous suffrons	nous suffirions
vous suffirez	vous suffiriez
ils suffiront	ils suffiraient

Imperative suffis, suffisons, suffisez

suivre *to follow*

Present participle suivant
Past participle suivi

Present indicative	*Perfect indicative*
je suis	j'ai suivi
tu suis	tu as suivi
il suit	il a suivi
nous suivons	nous avons suivi
vous suivez	vous avez suivi
ils suivent	ils ont suivi

Imperfect indicative	*Pluperfect indicative*
je suivais	j'avais suivi
tu suivais	tu avais suivi
il suivait	il avait suivi
nous suivions	nous avions suivi
vous suiviez	vous aviez suivi
ils suivaient	ils avaient suivi

Past historic	*Present subjunctive*
je suivis	que je suive
tu suivis	que tu suives
il suivit	qu'il suive
nous suivîmes	que nous suivions
vous suivîtes	que vous suiviez
ils suivirent	qu'ils suivent

Future	*Conditional*
je suivrai	je suivrais
tu suivras	tu suivrais
il suivra	il suivrait
nous suivrons	nous suivrions
vous suivrez	vous suivriez
ils suivront	ils suivraient

Imperative suis, suivons, suivez

surprendre *to surprise*

Present participle surprenant
Past participle surpris

Present indicative	*Perfect indicative*
je surprends	j'ai surpris
tu surprends	tu as surpris
il surprend	il a surpris
nous surprenons	nous avons surpris
vous surprenez	vous avez surpris
ils surprennent	ils ont surpris

Imperfect indicative	*Pluperfect indicative*
je surprenais	j'avais surpris
tu surprenais	tu avais surpris
il surprenait	il avait surpris
nous surprenions	nous avions surpris
vous surpreniez	vous aviez surpris
ils surprenaient	ils avaient surpris

Past historic	*Present subjunctive*
je surpris	que je surprenne
tu surpris	que tu surprennes
il surprit	qu'il surprenne
nous surprîmes	que nous surprenions
vous surprîtes	que vous surpreniez
ils surprirent	qu'ils surprennent

Future	*Conditional*
je surprendrai	je surprendrais
tu surprendras	tu surprendrais
il surprendra	il surprendrait
nous surprendrons	nous surprendrions
vous surprendrez	vous surprendriez
ils surprendront	ils surprendraient

Imperative surprends, surprenons, surprenez

survivre *to survive*

Present participle survivant
Past participle survécu

Present indicative	*Perfect indicative*
je survis	j'ai survécu
tu survis	tu as survécu
il survit	il a survécu
nous survivons	nous avons survécu
vous survivez	vous avez survécu
ils survivent	ils ont survécu

Imperfect indicative	*Pluperfect indicative*
je survivais	j'avais survécu
tu survivais	tu avais survécu
il survivait	il avait survécu
nous survivions	nous avions survécu
vous surviviez	vous aviez survécu
ils survivaient	ils avaient survécu

Past historic	*Present subjunctive*
je survécus	que je survive
tu survécus	que tu survives
il survécut	qu'il survive
nous survécûmes	que nous survivions
vous survécûtes	que vous surviviez
ils survécurent	qu'ils survivent

Future	*Conditional*
je survivrai	je survivrais
tu survivras	tu survivrais
il survivra	il survivrait
nous survivrons	nous survivrions
vous survivrez	vous survivriez
ils survivront	ils survivraient

Imperative survis, survivons, survivez

suspendre *to suspend, hang*

Present participle suspendant
Past participle suspendu

Present indicative	*Perfect indicative*
je suspends	j'ai suspendu
tu suspends	tu as suspendu
il suspend	il a suspendu
nous suspendons	nous avons suspendu
vous suspendez	vous avez suspendu
ils suspendent	ils ont suspendu

Imperfect indicative	*Pluperfect indicative*
je suspendais	j'avais suspendu
tu suspendais	tu avais suspendu
il suspendait	il avait suspendu
nous suspendions	nous avions suspendu
vous suspendiez	vous aviez suspendu
ils suspendaient	ils avaient suspendu

Past historic	*Present subjunctive*
je suspendis	que je suspende
tu suspendis	que tu suspendes
il suspendit	qu'il suspende
nous suspendîmes	que nous suspendions
vous suspendîtes	que vous suspendiez
ils suspendirent	qu'ils suspendent

Future	*Conditional*
je suspendrai	je suspendrais
tu suspendras	tu suspendrais
il suspendra	il suspendrait
nous suspendrons	nous suspendrions
vous suspendrez	vous suspendriez
ils suspendront	ils suspendraient

Imperative suspends, suspendons, suspendez

se taire *to be quiet, silent*
Present participle se taisant
Past participle tu

Present indicative
je me tais
tu te tais
il se tait
nous nous taisons
vous vous taisez
ils se taisent

Perfect indicative
je me suis tu
tu t'es tu
il s'est tu
nous nous sommes tus
vous vous êtes tus
ils se sont tus

Imperfect indicative
je me taisais
tu te taisais
il se taisait
nous nous taisions
vous vous taisiez
ils se taisaient

Pluperfect indicative
je m'étais tu
tu t'étais tu
il s'était tu
nous nous étions tus
vous vous étiez tus
ils s'étaient tus

Past historic
je me tus
tu te tus
il se tut
nous nous tûmes
vous vous tûtes
ils se turent

Present subjunctive
que je me taise
que tu te taises
qu'il se taise
que nous nous taisions
que vous vous taisiez
qu'ils se taisent

Future
je me tairai
tu te tairas
il se taira
nous nous tairons
vous vous tairez
ils se tairont

Conditional
je me tairais
tu te tairais
il se tairait
nous nous tairions
vous vous tairiez
ils se tairaient

Imperative tais-toi, taisons-nous, taisez-vous

tendre *to tighten*

Present participle tendant
Past participle tendu

Present indicative	*Perfect indicative*
je tends	j'ai tendu
tu tends	tu as tendu
il tend	il a tendu
nous tendons	nous avons tendu
vous tendez	vous avez tendu
ils tendent	ils ont tendu

Imperfect indicative	*Pluperfect indicative*
je tendais	j'avais tendu
tu tendais	tu avais tendu
il tendait	il avait tendu
nous tendions	nous avions tendu
vous tendiez	vous aviez tendu
ils tendaient	ils avaient tendu

Past historic	*Present subjunctive*
je tendis	que je tende
tu tendis	que tu tendes
il tendit	qu'il tende
nous tendîmes	que nous tendions
vous tendîtes	que vous tendiez
ils tendirent	qu'ils tendent

Future	*Conditional*
je tendrai	je tendrais
tu tendras	tu tendrais
il tendra	il tendrait
nous tendrons	nous tendrions
vous tendrez	vous tendriez
ils tendront	ils tendraient

Imperative tends, tendons, tendez

177

tenir *to hold*

Present participle tenant
Past participle tenu

Present indicative	*Perfect indicative*
je tiens	j'ai tenu
tu tiens	tu as tenu
il tient	il a tenu
nous tenons	nous avons tenu
vous tenez	vous avez tenu
ils tiennent	ils ont tenu

Imperfect indicative	*Pluperfect indicative*
je tenais	j'avais tenu
tu tenais	tu avais tenu
il tenait	il avait tenu
nous tenions	nous avions tenu
vous teniez	vous aviez tenu
ils tenaient	ils avaient tenu

Past historic	*Present subjunctive*
je tins	que je tienne
tu tins	que tu tiennes
il tint	qu'il tienne
nous tînmes	que nous tenions
vous tîntes	que vous teniez
ils tinrent	qu'ils tiennent

Future	*Conditional*
je tiendrai	je tiendrais
tu tiendras	tu tiendrais
il tiendra	il tiendrait
nous tiendrons	nous tiendrions
vous tiendrez	vous tiendriez
ils tiendront	ils tiendraient

Imperative tiens, tenons, tenez

tirer *to pull*

Present participle tirant
Past participle tiré

Present indicative	*Perfect indicative*
je tire	j'ai tiré
tu tires	tu as tiré
il tire	il a tiré
nous tirons	nous avons tiré
vous tirez	vous avez tiré
ils tirent	ils ont tiré
Imperfect indicative	*Pluperfect indicative*
je tirais	j'avais tiré
tu tirais	tu avais tiré
il tirait	il avait tiré
nous tirions	nous avions tiré
vous tiriez	vous aviez tiré
ils tiraient	ils avaient tiré
Past historic	*Present subjunctive*
je tirai	que je tire
tu tiras	que tu tires
il tira	qu'il tire
nous tirâmes	que nous tirions
vous tirâtes	que vous tiriez
ils tirèrent	qu'ils tirent
Future	*Conditional*
je tirerai	je tirerais
tu tireras	tu tirerais
il tirera	il tirerait
nous tirerons	nous tirerions
vous tirerez	vous tireriez
ils tireront	ils tireraient

Imperative tire, tirons, tirez

traduire *to translate*

Present participle traduisant
Past participle traduit

Present indicative	*Perfect indicative*
je traduis	j'ai traduit
tu traduis	tu as traduit
il traduit	il a traduit
nous traduisons	nous avons traduit
vous traduisez	vous avez traduit
ils traduisent	ils ont traduit
Imperfect indicative	*Pluperfect indicative*
je traduisais	j'avais traduit
tu traduisais	tu avais traduit
il traduisait	il avait traduit
nous traduisions	nous avions traduit
vous traduisiez	vous aviez traduit
ils traduisaient	ils avaient traduit
Past historic	*Present subjunctive*
je traduisis	que je traduise
tu traduisis	que tu traduises
il traduisit	qu'il traduise
nous traduisîmes	que nous traduisions
vous traduisîtes	que vous traduisiez
ils traduisirent	qu'ils traduisent
Future	*Conditional*
je traduirai	je traduirais
tu traduiras	tu traduirais
il traduira	il traduirait
nous traduirons	nous traduirions
vous traduirez	vous traduiriez
ils traduiront	ils traduiraient

Imperative traduis, traduisons, traduisez

transcrire *to transcribe*

Present participle transcrivant
Past participle transcrit

Present indicative	*Perfect indicative*
je transcris	j'ai transcrit
tu transcris	tu as transcrit
il transcrit	il a transcrit
nous transcrivons	nous avons transcrit
vous transcrivez	vous avez transcrit
ils transcrivent	ils ont transcrit

Imperfect indicative	*Pluperfect indicative*
je transcrivais	j'avais transcrit
tu transcrivais	tu avais transcrit
il transcrivait	il avait transcrit
nous transcrivions	nous avions transcrit
vous transcriviez	vous aviez transcrit
ils transcrivaient	ils avaient transcrit

Past historic	*Present subjunctive*
je transcrivis	que je transcrive
tu transcrivis	que tu transcrives
il transcrivit	qu'il transcrive
nous transcrivîmes	que nous transcrivions
vous transcrivîtes	que vous transcriviez
ils transcrivirent	qu'ils transcrivent

Future	*Conditional*
je transcrirai	je transcrirais
tu transcriras	tu transcrirais
il transcrira	il transcrirait
nous transcrirons	nous transcririons
vous transcrirez	vous transcririez
ils transcriront	ils transcriraient

Imperative transcris, transcrivons, transcrivez

vaincre *to vanquish*

Present participle vainquant
Past participle vaincu

Present indicative	*Perfect indicative*
je vaincs	j'ai vaincu
tu vaincs	tu as vaincu
il vainc	il a vaincu
nous vainquons	nous avons vaincu
vous vainquez	vous avez vaincu
ils vainquent	ils ont vaincu
Imperfect indicative	*Pluperfect indicative*
je vainquais	j'avais vaincu
tu vainquais	tu avais vaincu
il vainquait	il avait vaincu
nous vainquions	nous avions vaincu
vous vainquiez	vous aviez vaincu
ils vainquaient	ils avaient vaincu
Past historic	*Present subjunctive*
je vainquis	que je vainque
tu vainquis	que tu vainques
il vainquit	qu'il vainque
nous vainquîmes	que nous vainquions
vous vainquîtes	que vous vainquiez
ils vainquirent	qu'ils vainquent
Future	*Conditional*
je vaincrai	je vaincrais
tu vaincras	tu vaincrais
il vaincra	il vaincrait
nous vaincrons	nous vaincrions
vous vaincrez	vous vaincriez
ils vaincront	ils vaincraient

Imperative vaincs, vainquons, vainquez

valoir *to be worth*

Present participle valant
Past participle valu

Present indicative	*Perfect indicative*
je vaux	j'ai valu
tu vaux	tu as valu
il vaut	il a valu
nous valons	nous avons valu
vous valez	vous avez valu
ils valent	ils ont valu
Imperfect indicative	*Pluperfect indicative*
je valais	j'avais valu
tu valais	tu avais valu
il valait	il avait valu
nous valions	nous avions valu
vous valiez	vous aviez valu
ils valaient	ils avaient valu
Past historic	*Present subjunctive*
je valus	que je vaille
tu valus	que tu vailles
il valut	qu'il vaille
nous valûmes	que nous valions
vous valûtes	que vous valiez
ils valurent	qu'ils vaillent
Future	*Conditional*
je vaudrai	je vaudrais
tu vaudras	tu vaudrais
il vaudra	il vaudrait
nous vaudrons	nous vaudrions
vous vaudrez	vous vaudriez
ils vaudront	ils vaudraient

Imperative vaux, valons, valez

vendre *to sell*

Present participle vendant
Past participle vendu

Present indicative	*Perfect indicative*
je vends	j'ai vendu
tu vends	tu as vendu
il vend	il a vendu
nous vendons	nous avons vendu
vous vendez	vous avez vendu
ils vendent	ils ont vendu

Imperfect indicative	*Pluperfect indicative*
je vendais	j'avais vendu
tu vendais	tu avais vendu
il vendait	il avait vendu
nous vendions	nous avions vendu
vous vendiez	vous aviez vendu
ils vendaient	ils avaient vendu

Past historic	*Present subjunctive*
je vendis	que je vende
tu vendis	que tu vendes
il vendit	qu'il vende
nous vendîmes	que nous vendions
vous vendîtes	que vous vendiez
ils vendirent	qu'ils vendent

Future	*Conditional*
je vendrai	je vendrais
tu vendras	tu vendrais
il vendra	il vendrait
nous vendrons	nous vendrions
vous vendrez	vous vendriez
ils vendront	ils vendraient

Imperative vends, vendons, vendez

venir *to come*

Present participle venant
Past participle venu

Present indicative	*Perfect indicative*
je viens	je suis venu
tu viens	tu es venu
il vient	il est venu
nous venons	nous sommes venus
vous venez	vous êtes venus
ils viennent	ils sont venus

Imperfect indicative	*Pluperfect indicative*
je venais	j'étais venu
tu venais	tu étais venu
il venait	il était venu
nous venions	nous étions venus
vous veniez	vous étiez venus
ils venaient	ils étaient venus

Past historic	*Present subjunctive*
je vins	que je vienne
tu vins	que tu viennes
il vint	qu'il vienne
nous vînmes	que nous venions
vous vîntes	que vous veniez
ils vinrent	qu'ils viennent

Future	*Conditional*
je viendrai	je viendrais
tu viendras	tu viendrais
il viendra	il viendrait
nous viendrons	nous viendrions
vous viendrez	vous viendriez
ils viendront	ils viendraient

Imperative viens, venons, venez

vivre *to live*

Present participle vivant
Past participle vécu

Present indicative	*Perfect indicative*
je vis	j'ai vécu
tu vis	tu as vécu
il vit	il a vécu
nous vivons	nous avons vécu
vous vivez	vous avez vécu
ils vivent	ils ont vécu

Imperfect indicative	*Pluperfect indicative*
je vivais	j'avais vécu
tu vivais	tu avais vécu
il vivait	il avait vécu
nous vivions	nous avions vécu
vous viviez	vous aviez vécu
ils vivaient	ils avaient vécu

Past historic	*Present subjunctive*
je vécus	que je vive
tu vécus	que tu vives
il vécut	qu'il vive
nous vécûmes	que nous vivions
vous vécûtes	que vous viviez
ils vécurent	qu'ils vivent

Future	*Conditional*
je vivrai	je vivrais
tu vivras	tu vivrais
il vivra	il vivrait
nous vivrons	nous vivrions
vous vivrez	vous vivriez
ils vivront	ils vivraient

Imperative vis, vivons, vivez

voir *to see*

Present participle voyant
Past participle vu

Present indicative	*Perfect indicative*
je vois	j'ai vu
tu vois	tu as vu
il voit	il a vu
nous voyons	nous avons vu
vous voyez	vous avez vu
ils voient	ils ont vu
Imperfect indicative	*Pluperfect indicative*
je voyais	j'avais vu
tu voyais	tu avais vu
il voyait	il avait vu
nous voyions	nous avions vu
vous voyiez	vous aviez vu
ils voyaient	ils avaient vu
Past historic	*Present subjunctive*
je vis	que je voie
tu vis	que tu voies
il vit	qu'il voie
nous vîmes	que nous voyions
vous vîtes	que vous voyiez
ils virent	qu'ils voient
Future	*Conditional*
je verrai	je verrais
tu verras	tu verrais
il verra	il verrait
nous verrons	nous verrions
vous verrez	vous verriez
ils verront	ils verraient

Imperative vois, voyons, voyez

vouloir *to want*

Present participle voulant
Past participle voulu

Present indicative	*Perfect indicative*
je veux	j'ai voulu
tu veux	tu as voulu
il veut	il a voulu
nous voulons	nous avons voulu
vous voulez	vous avez voulu
ils veulent	ils ont voulu

Imperfect indicative	*Pluperfect indicative*
je voulais	j'avais voulu
tu voulais	tu avais voulu
il voulait	il avait voulu
nous voulions	nous avions voulu
vous vouliez	vous aviez voulu
ils voulaient	ils avaient voulu

Past historic	*Present subjunctive*
je voulus	que je veuille
tu voulus	que tu veuilles
il voulut	qu'il veuille
nous voulûmes	que nous voulions
vous voulûtes	que vous vouliez
ils voulurent	qu'ils veuillent

Future	*Conditional*
je voudrai	je voudrais
tu voudras	tu voudrais
il voudra	il voudrait
nous voudrons	nous voudrions
vous voudrez	vous voudriez
ils voudront	ils voudraient

Imperative veuille, voulons, voulez/veuillez